新裤子

生命因你而火热

彭磊　庞宽　著

民主与建设出版社　博集天卷 CS-BOOKY
·北京·

雅众文化　出品

关于作者

彭磊

新裤子乐队主唱、吉他手，是乐队作品词曲的主要创作者。在音乐创作之外，彭磊同时也是漫画作者和电影导演。2010 年彭磊创作并出版漫画《北海怪兽》，2012 年获上海国际电影节"亚洲新人最佳导演奖"。

庞宽

新裤子乐队主唱、键盘手，为乐队注入了很多电子音乐的新元素，和彭磊一起，使乐队从朋克走向新浪潮。同时，新裤子的许多艺术设计出自他手，其中，名为"两室一厅"的机器人创意形象是庞宽的得意之作。

每次紧张得说不出话的时候

每次暗恋的人又忽略你的时候

每次排练的节目被取消的时候

每次风雨在庆祝开始的时候

每次分离在恋爱来临的时候

每次浪潮又将我们卷起的时候

目 录

PART 2

庞宽

PART 1

彭磊

我们的时代

新裤子，新朋克

　　我们的故事很长，新裤子的故事很长。记忆慢慢散落了，成为无法捡拾的碎片，我也怕我自己把它们都遗忘了。我们一起经历了无聊贫穷又充满希望的少年时代，一起创造了新裤子最好的一张专辑，并且一起面对这个无情的社会。但那是 20 岁之前的故事了，后来大家又怎么样了？是不是还是那几个让人厌烦，口齿不清的呆头呆脑的青年，他们还站在这里吗？让我们回忆一下这 20 年——无法忘怀的青春。

　　1992 年，我和庞宽上了北京工艺美术学校。我们被摇滚乐深深吸引了，可能因为太自卑了，自己身上没有什么值得炫耀的东西。摇滚乐宣扬的就是反叛，没文化，有姑娘，反正音乐很吵、很噪就对了。我们在寒假的时候聚到庞宽家里排练，当时最流行重金属音乐，那我们也玩重金属吧，但是当时只有一把木吉他，而且我们都不会弹。这个潮流要赶上，于是我们在木吉他上安了一块压电磁片，接在一台录音机上，再把录音机的喇叭捅破，这样就能出现失真吉他的声音。就这样，新裤子乐队的故事开始了。

重金属马上过时了，我们通过收音机每周一收听有待的《新音乐杂志》节目才知道，还有许多更时髦的音乐风格。我们发现北京这里什么都没有，这里的年轻人渴望文化，但确实连一张正版 CD 也买不起。我们幻想着这里是纽约，这里是伦敦，这里不是那个没有阳光的黑暗角落。我那时开始留长头发，那时候不洗头，头发稍微长一点就分叉了，到了高中毕业也没留出重金属乐手那种到屁股沟的长发。

20 世纪 90 年代挺无聊的，充满破败和颓废。摇滚乐还是很先锋的事物，这也是无数年轻人爱上摇滚乐的原因。玩摇滚乐是要反叛的，要姑娘，要反对社会的不公平。可惜这些我们都做不到，我们只能努力和之前的中国摇滚乐队不一样。

20 世纪 90 年代末，北京出现了一群不是玩重金属的乐队，

新裤子

1996年在北京刘葆家中

1995年，彭磊在北京古北口长城

他们有英式风格的，有电子风格的，也有一些说不出风格的，但更多的是朋克乐队。后来他们被称为"北京新声"。

那时候演出没有太多人看，都是乐队演给乐队互相看。年轻人有太多的能量，而且也用不到正经地方，现在可以摸个手机一天就过了，可那时候每个夜晚都很难熬，没有姑娘，没钱出去喝酒，只有聚在黑灯瞎火的空气污浊的 Live House 里，才暂时感到有归属感，感到不寂寞。但我很快也发现自己不属于那里，没人看得上我们这支乐队，我也不知道要和别人聊什么。我们也找不到外国姑娘约会，连搭话的勇气也没有。

乐队加上看演出的人不过一二百人，所以很神秘，一种文化就存在了，让人觉得自己非常与众不同。我想当年在纽约或者伦敦，朋克也是这样开始的吧。很多年后，那几支乐队影响了无数年轻人，包括在遥远的北京的我们。

新裤子的第一张专辑推出了，我们的时代真的来临了，一切都来得太快了。当你面对成千上万的人表演的时候，你会觉得自己是神。当你回到现实的沉寂中，你的心会很躁动。

很空虚。

鼓手尚笑在 2002 年离开了乐队，为了心爱的姑娘去了日本。一去就是八年。

之前我突然接到尚笑的电话，说他的书要出版了，要我帮他写点什么。回想起来，好几年前在豆瓣上看到尚笑写在日本的经历，感觉有爱，也有许多旁观者无法感受的情怀。但故事刚开始就中断了，后面也没有继续更新，我想可能是他工作太忙没时间写了。其实尚笑在日本的八年对我来说也是一个谜，只是偶尔有只言片语的消息，我们只能臆测他在日本加入了黑泡泡乐队，或者黑社会。庞宽甚至在《神秘的香波》中唱道："尚笑留学在日本，刷盘子洗碗扫大街。"

直到有一次尚笑的女朋友顺子作为导游来北京出差，我们在一起吃了饭，然后一起看了好多新裤子在 20 世纪 90 年代演出的录像。最后顺子说，她和尚笑早已经分开了，但她是爱尚笑的。我知道尚笑去日本主要是为了顺子，反正为了感情抛开一切的事情我没做过。

来得快，去得也快，乐队在 2002 年之后几乎没有什么活动，大家在忙着和音乐无关的事情。那个朋克的时代过去了。

Disco Boy

摩登天空有一阵快关门的时候，天天要求我们写手机歌曲，结果一首也没写出来。直到现在我也不明白手机彩铃是什么鬼东西，多"缺"的人会用。后来又流行好多怪东西，什么微电影，什么各种已经消亡的社交网络。潮流归潮流，不受影响最重要。乐队没有鼓手，所以用鼓机，音乐不够土，西方对中国的乐队没兴趣。

2005 年，我和庞宽一直窝在家里研究合成器，并且写出了和以前大不一样的作品。我们不再关注摇滚乐，更多地研究更时髦的 Synth-Pop、Disco、New-Wave 这些以合成器为主的音乐。Disco 时代来临了。

我们又回到了 Live House 演出，就像大学时代一样，一切都重新开始。也是这个时候，庞宽走向了前台，开始了不平凡的演唱生涯。

2006 年我们巡演之前没有到过这么多地方，这些地方对我们来说是陌生的。每一个城市里都有这么一群与众不同的年轻人，他们喜欢的音乐与电视上播放的完全不一样。他们充满活力，和 20 世纪 90 年代的年轻人不同，他们更多的是在消费，在享受音乐。音乐不再是那根拯救灵魂的稻草，在无聊的时刻，音乐陪伴了更多躁动的心。

　　我们在巡演的路上会觉得遇上一个漂亮的女孩愿意和我们约会是很重要的事情，实际情况是并没有什么姑娘会那么主动，尤其是在国外巡演的时候。在澳大利亚的时候，我们已经巡演了好几周，没有任何姑娘向我们示好。终于，在墨尔本的演出结束之后，一个300斤的姑娘走进了后台，表示喜欢我们的音乐，并向我们身上扑，我本能地躲开了。这个姑娘叫丽莎，穿一条短裙，裙子上的皮带有20厘米宽，像《指环王》里的人

2005年在新加坡圣淘沙

物。只要一下，她就能把我压死。还是刘葆像黑洞一样能包容一切，勇敢地和丽莎去约会了。

2008 年，刘葆离开了乐队，他觉得乐队背叛了最初的朋克精神，成为一支"娘娘腔"的同性恋乐队，并且也不能给他提供更多的酒和食物。后来刘葆加入了更狂野的蜜三刀乐队。乐队的黑洞关闭了，宇宙的秩序正常起来了。

来自便利商店乐队的鼓手德恒在 2008 年加入了新裤子。在这个时期，乐队更多地在西方发达国家发展，被西方的文化蛊

2008年在澳门

惑了。

时代变了，摇滚乐也可以是积极的。那些从各个角落走出来的时髦的人，让星星之火点亮了城市的夜空。庞宽一直喜欢穿款式比较旧的衣服，说复古可能谈不上，其实从小到大他的装扮基本没有变化，他的生活方式和心态都是20世纪80年代的。当新裤子穿着20年前的衣服、鞋子登上舞台的时候，直接引发了后来带给本土的年轻人一点自信的国货回潮。

一支中国乐队在西方演出的时候，其实很有意思。所有现代音乐都是从西方传到东方的，这些远渡重洋而来的东方学徒想在这个摇滚乐的朝圣之地有所作为，真的是很困难的。所以后来大家决定还是回过头想想家乡的朋友吧！

这个世界会好吗？可能不会了……把世界拉黑吧。

我记得整整有半年时间，乐队都在为北展演唱会排练，几乎每天都是在排练室度过的。演唱会也是一个瞬间就过去了。但还好，可以对过去的时光进行一下整理。过去就别再想它了，它会在那个时间点一直等你。

走心的黑暗

现在的生活小得只剩下一块手机屏幕了，文化不再宽广，也不再对年轻人有意义了。再大的世界也不再有吸引力了，什么派对，什么文学，什么电影，什么扯淡，都不重要了，重要的是我出现在手机中的面貌。人们变得更孤单，心灵需要抚慰，除了日本电影，还需要一首深刻高雅的走心的歌曲。好吧，反正 Disco 的时代结束了，我们进入了走心的黑暗时代。

鼓手 Hayato 是中野阳介绍给我的，说和他一样，为了援助中国的摇滚事业来到北京十几年了。我第一次见 Hayato 时，觉得他黑黑小小的，像从印度逃难过来的。他脸上长满了火疙瘩，应该有一年没有和女孩约会过了。他穿了一身优衣库的衣服，好像每天都在吃 711 的味精饭，看起来惨透了。但他的鼓声响起的时候，像卖火柴的小女孩划亮了一根赶走贫寒饥饿的幻觉火柴，整个房间亮了起来。

我一直认为，创作那种一般人会喜欢的流行歌曲是一种耻辱。不是有成千上万的人在努力地创作流行歌曲吗？那肯定不缺我一个。我原来写歌都是写给自己听，没希望什么人喜欢。一直到了最近几年，为了继续向前走，吸引更多的年轻人，才开始注意到音乐需要被更多人理解和喜欢。我开始口是心非地创作了。写歌的时候在想什么？在想一个喜欢的女孩？从来没

2015年在北京星空间

1992年，彭磊在北京家中

有。在想什么经历过的瞬间？也没有。我在幻想自己是一个什么样的角色，在经历什么样的事情。

我从小时候开始接触音乐，每一次潮流都那么让人兴奋，金属、英式、朋克新浪潮、电子音乐的大爆发，反正每一年都有新惊喜，倒是最近 10 年几乎什么新东西都没有了，我也开始研究土摇好几年了。上次去美国是参加 Coachella 音乐节，作为中国最时髦的乐队。这次去美国只能作为中国最土鳖的乐队去了，不过挺符合中国国情的，反正是黄鼠狼下耗子——一茬儿不如一茬儿了。

每一阵都会有新的潮流，反正在国内我们什么都没见过，看什么都新鲜，但又很容易厌倦。因为我们发现自己变不成白人，也变不成黑人，顶天了成为一支不伦不类的东北亚乐队。殖民地文化始终让我们有点压抑，但好在国内的年轻人还是需要一支本土的更有共鸣的乐队。乐队经历了朋克时代、Disco 时代、黑暗时代，其间也有好多次动摇过，但后来发现音乐形式还是外在的，真正让人感动的还是你在音乐里表达的自己的情感。

一支乐队的诞生

在我上高中的那个时候，中国最红的乐队是唐朝乐队。他们刚出道的时候，风格非常炫，吉他也弹得特别快，是那种我当时很喜欢的金属音乐风格。那个时候，学生们玩乐队是一件特别时髦、前卫的事。受这种因素的影响，我觉得自己如果也能组一支乐队，就特别牛。当时我和庞宽在同一所高中——北京工艺美术学校上学。这所学校很有意思，里面出了很多玩乐队的人，沈黎晖就是其中之一。我觉得可能是这所学校的学生成天画画，课余时间非常充裕的缘故。

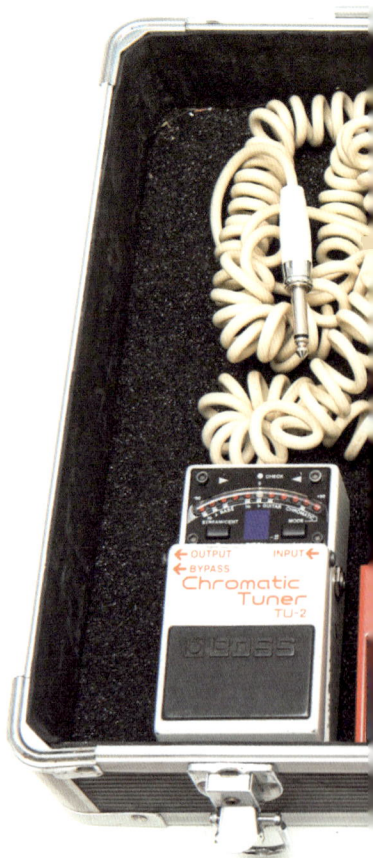

20世纪90年代使用的录音机

20世纪90年代使用的效果器和一些自制效果器

1996年在北京尚笑家中排练

1996年在北京尚笑家中

美校的氛围一直就是那样，连老师都在宿舍玩吉他。上课的时候，就能听到隔壁有乐队在排练。最离谱的是，我们有一次把吉他的声音接到学校做操的广播上放出来。要是别的学校发生这种事，学生肯定被开除了，但我们学校就没人管。而且我们学校竟然还允许学生留长发，因为老师也都留长发。美校就是这样一所另类的学校。

在这样一种另类的氛围下，我和庞宽一起开始筹备组建自己的乐队。但当时我们什么设备也没有，我自己只有一把箱琴，还不怎么会弹。即便这样，高中第一学年的寒假，我们还是聚到庞宽家，准备一起"排练"。

既然乐队成立了，总该有自己的曲目和风格。在那个年代，想了解点不一样的音乐只能通过广播节目，我记得当时我们都听有待主持的《新音乐杂志》节目。这档节目会介绍很多外国音乐，尤其是金属音乐播放得比较多，最早接触 Guns N'Roses 和 Metallica 都是通过这档节目。所以我们乐队成立后，也想走重金属风格，但实际上我们连一点弹奏基础都没有。

那时电视里有 MTV 频道，我把喜欢的音乐 MV 用录像机录下来，然后和庞宽一起在我家里看，录得比较多的仍然是重金属或者 Garage。MTV 频道有一个特别另类的节目，在每周二凌晨 2 点播出，都是重金属音乐，这正合我们的口味。我们越看越喜欢这类音乐，尤其是看到 Pantera 的 MV 时，我们觉得他们的表演特别猛，音乐感觉非常重。而 Nirvana 给我的感觉是特别噪，经常兴奋起来把琴都摔了。

由于喜欢重金属音乐，所以我们当时认为好的音乐就必须特别吵才行。但我只有一把箱琴，根本没办法达到想要的那种感觉，而且乐队的人员配置也不完整，只有我、庞宽和另一个叫岳程的朋友。

当时庞宽家在四道口有一间房子，我们就老聚在那里混。

1996年在北京暴风酒吧

1999年在北京17酒吧

他家那房子里只有一个收不着台的旧电视，其他什么都没有。那台电视只能收到附近一家人玩任天堂游戏的画面，我们就天天聚在那里看别人打游戏。我当时跟家里说的借口是我们在画画，其实一张画都没画，而且也没排练出什么歌。那是 1993 年左右的事情了，现在回想起来，那可真是段特别无聊的日子。

后来我们偶然听到有待的节目里说有家唱片公司招募艺人，我们什么都不会，却准备去应聘。当时正是冬天，招聘地点在北京昆仑饭店，我们几个人骑着自行车就奔过去了。那时我们手里什么作品都没有，庞宽唱了一首别人的歌就草草地结束了，过程很惨。现在想想，当时只是一时冲动而已，心里梦想着进入音乐这个领域，但各方面的条件都不具备。

即便如此，我们仍然坚持着。当时我们还试着用庞宽的录音机来录一些音乐小样，先用他的电子琴模拟鼓的声音录一遍，再录其他乐器的声音和人声。但很多时候录出来的效果非常差，各种声音混在一起，根本没法听。我们一开始就希望乐队唱自己的歌，所以录的歌也都是自己写，只不过没有什么称得上作品的歌。

录音的同时，我们还自己学吉他。其实原来也会一点，因为吉他入门很容易，只是想弹出风格来比较难。那时电视上有吉他教学节目，从节目里能学到一些吉他弹奏的技法。周末我们也经常去看重金属乐队的演出，那时的演出都是所谓的"拼盘"演出，就是一堆乐队一起来演。演出的乐队大多是重金属乐队，比如铁风筝乐队、战斧乐队，但当时来表演的还没有朋克乐队。

慢慢地，我们的技术有了点进步。我们又通过岳程认识了后来的乐队成员——尚笑和刘葆，他们也是其他学校学画画的，但后来都不上学了。我们几个人的家离得很近，所以认识以后，大家就在一起玩了。

印象中，我们乐队第一次正式演出是 1995 年在香河，那并不是一个真正的摇滚乐演出现场，而是农村戏班子的演出，那时农村很流行这种演出形式。比如之前我们看过的大厂评剧团的演出，他们就是翻唱唐朝、郑钧的摇滚乐，再加上跳霹雳舞和泳装 Disco，有时还演小品，总之是一种综合性的演出。

我们去香河演出的时候，对方以为我们也是类似大厂评剧团这样的组织。但其实我们只是几个傻里傻气的大男孩，唱着一些他们听不懂的歌，所以唱到一半，就被他们轰下来了。不过这的确是我、庞宽、尚笑和刘葆第一次聚在一起正式演出。

我们叫作新裤子

1996年，我们高中毕业了。在毕业之前，我们意识到乐队应该有一场演出，不然这几年就白过了。当时我们想，乐队来一场正式的演出，也就算给这件事画上了一个圆满的句号。我们先向学校提出了演出的建议，但学校不让，他们说要是我们演，就把我们都开除。所以，我们只好另找演出的地方。

我们听说对外经贸大学里有一个学生们蹦迪的地方，于是我们就准备在那里演。但演出时出了问题，大学的学生会以为我们是伴奏乐队，大学生可以在我们的伴奏下跳交谊舞，而工艺美校的学生是来听我们唱摇滚乐的，于是这两拨人就闹起来了，现场秩序十分混乱。在唱了几首歌以后，现场已经乱到没法演了，我们只能赶紧收场。据说第二天学校知道这事以后，把那个地方给封了。

虽然演出现场混乱，但那天晚上沈黎晖来到了现场，第一次看到了我们的演出。我们也不清楚他是怎么知道这场演出的，之前我们也只是听说过他的名字，知道他搞乐队，还办公司，挺有钱的。看完那一次演出，沈黎晖就看上我们这支乐队了，之后他找到我们，邀请我们录制一张音乐合辑。这张合辑类似他之前做得很成功的《摇滚94》。新合辑的名字可能会叫作《摇滚97》，沈黎晖计划在里面放一首我们的单曲。

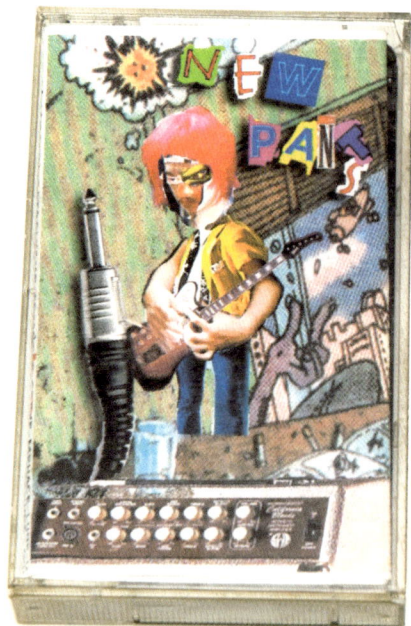

新裤子乐队第一张专辑的小样

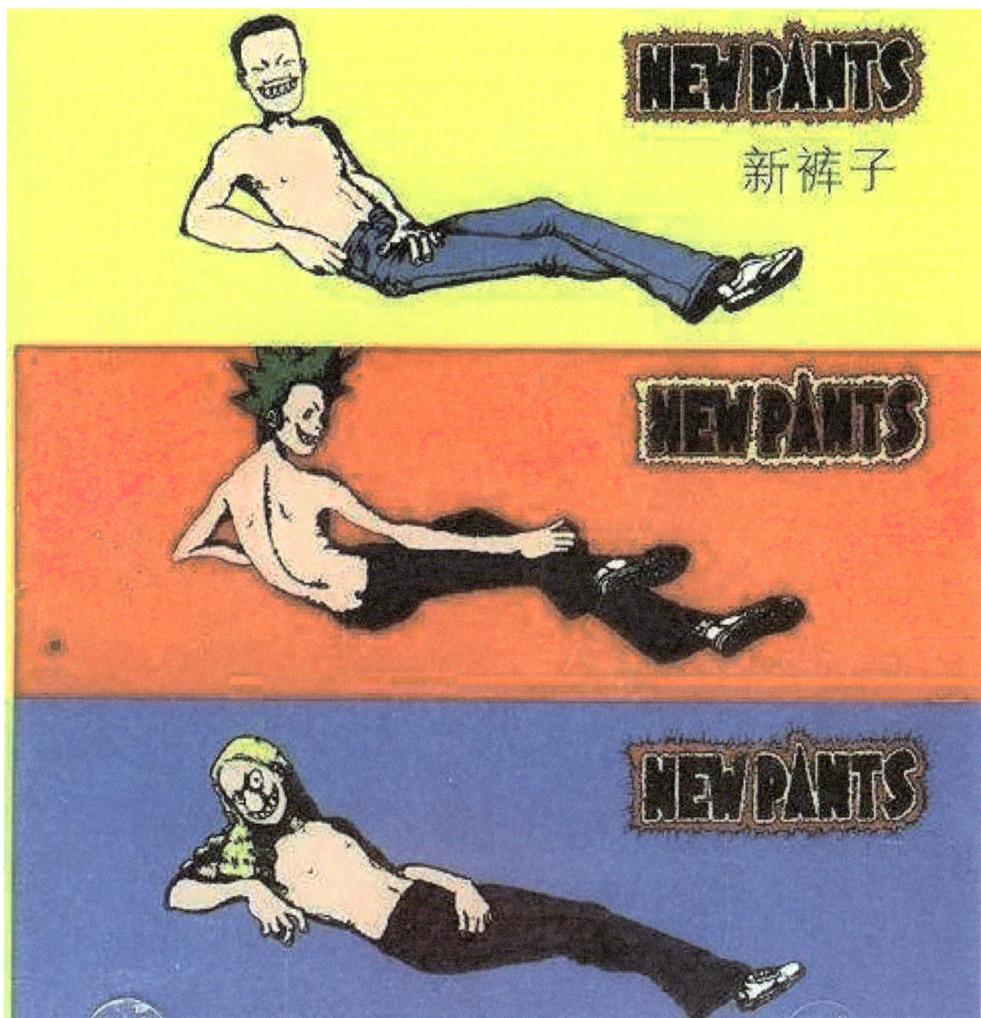

新裤子乐队第一张同名专辑

新裤子

就这样，我们开始排练需要录制的单曲，排练地点在当时北京服装学院的一个防空洞里。那里条件非常恶劣，处于汛期的北京老下雨，防空洞里的水都没过脚面了，而我们却都在用着通电的吉他和音箱。虽然设备都用草垫子垫起来了，但也非常危险。当时也不知道怎么想的，找了这么个地方排练，我们每次排练都必须穿着拖鞋下去，里面连一盏灯都没有。那时候庞宽喜欢我们学校的一个女生，有一次，他开心地邀请这个女生来防空洞看我们排练，但她来过后，就再也不搭理庞宽了。

沈黎晖也来这个防空洞看过我们排练，他看完挺高兴，正式决定给我们录《我们的时代》这首歌。可这首歌正式发行的时候已经是 1997 年了，被收录在《摩登天空 1》这张合辑里面。

不管怎样，我们乐队总算可以混"摇滚 Party"了，也可以和其他摇滚乐队一起演出了。1996 年前后突然涌现出很多乐队，包括地下婴儿、麦田守望者、69 等一些偏朋克风格的乐队。我们这些乐队当时都在双榆树的大西俱乐部演出，那是一个迪厅改的 Live House，算是不错的演出场所，在这之前，我们没有特别正规的摇滚现场。

每周末我们都去那里演出，回想起来，我们当时好像有点不招人待见。因为其他几支乐队演出状态都比较猛、比较噪，

2007年在青岛

而我们在这方面比较弱，不太招观众喜欢。当时看摇滚演出的外国人比较多，经常是一个外国人供养一个摇滚乐手。老一拨的摇滚乐手都是靠外国人养着，因为大家都没钱。我们是一个老外都没逮着，没有老外喜欢我们的音乐。

当时我们乐队的风格类似 Ramones，而其他朋克乐队是性手枪乐队那一系的。Ramones 的音乐比较平，没有那么猛烈，不像性手枪那么噪。那时还没有玩英式摇滚的乐队，所以我们在那个时代是比较另类的。

沈黎晖能签我们，也是挺有意思的事情。他的品味很怪，因为在那个时代，不可能有人会签我们这样的乐队。当时主流的乐队风格是金属而不是朋克，况且我们的风格在朋克里都算是比较奇怪的。

1997 年，沈黎晖说要成立摩登天空公司，我们就开始录乐队的第一张专辑。专辑里收录的歌也是随着录、随着写的。我们乐队的名字最初并不叫新裤子，而是庞宽起的另一个名字——金属车间的形体师傅。起这个名字，是因为别人都以为我们要玩重金属，其实我们想玩非主流。而庞宽特别喜欢包豪斯设计风格，所以就借用了包豪斯里面的这个说法用在了乐队上。但是这个名字太怪也太长了，于是在录专辑的时候，我们决定另起一个比较容易记的名字。就这样，"新裤子"这个名字

THIS'S OUR TIMES

1998 The copyright in this sound recording is owned by Modern Sky Co.,Ltd.

摩登天空1

新裤子 NEW PANTS
清醒 SOBER
超级市场 SUPERMARKET
玩笑 JOKE
神经 NERVE
龙宽 LONGKUAN

王成 WANGCHENG
小松 XIAOSONG
飞 FLY

Modern Sky
摩登天空

Modern Sky

上海声像出版社 SHANGHAI AUDIO-VISUAL PRESS 上海声像出版社 SHANGHAI AUDIO-VISUAL PRESS 上海声像出版社 SHANGHA

《摩登天空1》

新裤子

1997年在北京花园桥摩登天空

诞生了，为的就是和中国过去的摇滚乐队有些区别，以前摇滚乐队的名字都比较沉重，而我们希望自己乐队的名字轻松一点，时髦一点。

我们录制第一张专辑的时候已经从高中毕业了，庞宽在毕业后去了设计公司上班，一年后又入职摩登天空做平面设计。《摩登天空 1》这张合辑的设计就是他做的，后来他还为清醒乐队和我们自己的专辑做唱片设计。

当时摩登天空公司还在北京花园桥附近的居民楼地下室里，那个地下室特别破，还有一个特别脏的厕所。我们第一张专辑里的歌都是在摩登天空的地下排练室完成录音的。那个年代没有音质修复技术，录成什么样就算什么样了。我们当时的技术也都不怎么样，所以正式录音前就需要集训。我们经常逼自己的鼓手，打得不行就得重新来。

那时候我们几个人的状态比较懒散，其实就是几个小孩而已。录专辑的时候被逼得太狠，突然就觉得自己干什么都没戏了，连说话都让人听不清楚了。那会儿他们写专辑文案，说我们是大舌头，其实我们不是大舌头，而是录专辑录糊涂了。公司宣传的时候可能也是想找个营销的点，就说我们是大舌头乐队。

我们第一张专辑的发行公司是正大，上市后，他们开始组

2007年在北京东单排练

织新专辑的宣传，安排我们做一些演出和签售。但那些演出的
地方都特别怪，叫大型演艺歌城，还有类似歌厅、夜总会、工
人俱乐部的地方，我们也去过。说起来是面向全国的宣传，但
新专辑巡演只去了北京周边的几个城市，最远的地方是石家庄。

后来我们还去了洛阳的一家夜总会演出，那年冬天特别冷，
夜总会里全是穿黑西服的人。在我们前面演出的是一个长得特
像谢天笑的人，唱的是李谷一的《难忘今宵》，算是个反串演
出。现在觉得挺可笑，但那个年代演出环境就是如此。正大也
是一家大公司，他们给我们做的这些安排和给当时的流行歌手
做的宣传安排是一样的。

出了专辑以后，全国各地的歌迷开始给我们写信，也填写
购买专辑时附带的回执卡。当时摩登天空真的收到了好几麻袋
歌迷给我们寄来的信和回执卡，大致数了数，能有几万张回执
卡。这可能是乐队火了的一个证明。除此以外，乐队火不火，
还有一个标志，就是能不能登上各大媒体的歌曲排行榜，像我
们这样能上榜的乐队就算是火了。这让我们觉得自己的未来很
有希望，虽然当时我们没什么收入。

清冷岁月

　　在我们这些同时代的乐队出道之前，玩摇滚的人都是年近 30 岁才组乐队。唐朝出专辑的时候，乐队成员岁数也都不小了。我们感觉和他们不是一代人，我们 20 岁左右就开始出专辑了。其实乐队应该是年轻人玩才对。

　　出了专辑也并不意味着就能赚到钱，谁也不会觉得玩乐队的这些人火了就发财了。当时我们乐队的几个人，除了庞宽有稳定工作以外，其他人都没有收入。尤其是刘葆和尚笑，一分钱收入都没有。我们经常聚在一起想到哪儿去吃饭，在一家小饭馆一混就是一宿。

我跟庞宽从上高中的时候就开始打工，所以自己也有点积蓄。除此之外，我帮人拍广告，也有点收入。庞宽当时上班每个月已经能挣 1500 块钱了，即便如此，我们想买一些自己喜欢的东西还是挺难的，因为我们喜欢的东西都非常贵。当时一部随身听要 1000 多块钱才能拿下来，如果要买一把好一点的吉他，得一万多块钱，所以我们当时用的都是"假琴"，也就是国产琴贴着名牌外国琴的商标。即便是这样，也要好几千块钱一把。那个时代电子产品更贵，我当时买的 586 电脑要两万多块钱。

我毕业以后第一份工作的工资也是每个月 1500 块钱，但是我的工作比庞宽累，在一家公司做多媒体教材课件。当时非常流

1999年在北京三里屯

1997年在北京花园桥摩登天空

行《Internet 宝典》这种教人上网的课件，这些课件里都需要电脑动画，正好能用上我的专业，我干这份工作干了一年左右。

那段时间我们乐队没什么活动，在 1996 年和 1997 年主要是周末的演出多一点。在这两年之后，演出市场就进入一个更为冷清的时代，很多能演出的地方都倒闭了，剩下的那些酒吧的演出环境就更差了。

到了 1999 年前后，树村的那批乐队出来了，比如木马、舌头、诅咒、苍蝇这些乐队。那时沈黎晖弄了个"北京新声"的概念，把当时时髦的乐队都聚在了摩登天空。紧接着，他就开始收那些比较怪的乐队，包括木马他们。

虽然出现了很多新的乐队，可演出市场却越来越惨淡了，不过我感觉那时候音乐的传播还是比以前快了。我们乐队的作品在当时还算处在比较流行的范畴，换句话说就是有市场。在这之前，摇滚乐好像只是北京本土的一个音乐类别，但从 1999 年前后出来的这批乐队开始，我发现南方的很多人也开始玩摇滚乐了。

其实那几年是摇滚乐的发展最为蓬勃的时候，但同时又是玩乐队的人过得最惨的几年。其实这些冲击和市场的变化跟我们关系不大，对我们来说，音乐市场不好，我们就不演了，可以去做点别的事情。

新裤子

1999年在香港

1999年在香港

那时候最逗的是谢天笑，当时没有人请他演出，他就去蹭别人的演出。等人家演出完了，他突然蹿上台，拿着别人的吉他开始折腾。所以经常有人要打他，说他把人家的琴弄坏了。后来他终于组了自己的乐队，名字叫作冷血动物。谢天笑特别喜欢 Nirvana，所以他演出完了也要砸东西。他只有一把吉他，砸了就没法演出了，所以后来他就砸贝斯手的贝斯，紧接着又开始砸别人的琴。有一阵子，只要他一来，别人就都躲着他，说这人又要砸别人的琴了。

1999 年，我们去香港地区演出了一次，那是我们第一次踏上"资本主义社会"的土地。那时香港有一本讲摇滚乐的独立音乐杂志，叫《音乐殖民地》。因为香港特别商业化，所以这本杂志是香港唯一的独立音乐杂志，后来《摩登天空》杂志就是参考它。

香港的这场摇滚乐演出就是这家杂志社办的，他们邀请了内地的一些乐队在香港的高山剧场演出。参加演出的乐队有我们，还有鲍家街 43 号、唐朝、清醒乐队。演出时，我们其实还是有些紧张的，但后来发现观众根本听不懂普通话，我们更听不懂粤语。

香港人办演出可比我们在内地的歌城办演出认真多了，这让我们第一次感觉到自己是在一个正规的地方演出。在演出之外，香港社会对我们思想意识上的冲击更加剧烈。比如我们在内地买打口磁带需要 30~40 块钱，而香港音像制品的零售价基本上都是 100~200 多块钱。这让我们立刻感觉到音乐市场的背后存在着巨大的消费需求和财富，但是这在内地是完全没法想象的事情。其实直到现在，内地也没能建立起对音乐产品的消费习惯。

我们在香港住的酒店里可以看付费电视，其实也没有什么特别的内容，但是费用很高，一般没有人会去看那些节目。但是我们的鼓手尚笑却看了半天，后来觉得也没什么意思，就把电视插销拔了，以为拔了插销就不会计费。最后退房的时候才发现，他竟然看了 1000 多块钱的电视付费节目。那次尚笑花钱最多的项目就是看付费电视，这也算是我们在"资本主义社会"的见闻之一。

那个年代，香港的物质财富比内地更丰富一些，但就文化方面的热度和活力而言，香港并没有北京那么猛烈。但是在知识产权的建立方面，香港做得非常好，文化产品很值钱。除了音乐，香港的图书也非常贵，但是内地的人们听歌不习惯花钱，文化产品变得很廉价。那次在香港的所见所闻，让我们对知识产权有了点信心，可是回来一看，该什么样还是什么样，就算到了现在，也还要为这事发愁呢。

理想生存

　　我们第一张专辑的封面是我同学画的，而专辑里面《爱情催泪弹》那首歌的 MV 是我最早做的 MV 作品。当时我已经建立了一个概念，乐队的很多事情其实都可以由我们自己来做，后来专辑的 MV 都由我来做了。渐渐地，我们有了独立乐队的概念。

　　2000 年我们出第二张专辑《Disco Girl》的时候，我做了用黏土动画呈现的 MV《我爱你》。我感觉通过这支 MV，乐队的影响力又有所恢复，很多人开始关注我们，因为有一段日子，各大电视台都在放这支 MV。那张专辑应该是我们卖得最好的一张专辑了，销量比第一张专辑高出不少，只不过我们依然没什么收入。

新裤子乐队的第二张专辑《Disco Girl》

WE
ARE
AUTOMATIC

NEW
PANTS

新裤子
我们是自动の

新裤子乐队的第三张专辑《我们是自动的》

第二张专辑发行的时候，音乐圈里的朋克风潮开始往下走了，英式摇滚逐渐风靡起来，国外的 Blur 和 Oasis 开始流行。其实在这方面，国内外不太同步，英式摇滚在国内火起来的时间要比国外晚了五六年。

我们在做第二张专辑的时候，也刻意往英式的风格上靠了靠，但我们并不是因为英式摇滚开始流行才这样做，而是对我们乐队风格的一种探索。那时候，我们自己也开始听 Blur 的音乐，觉得开阔了思路，觉得用英式摇滚的方式能让音乐拥有更多的可能性，但后来发现其实我们的水平还不够。庞宽曾说，如果现在让他重新去编当时创作的曲子，肯定比那时候做得好多了。音乐创作还是需要较长时间的积累和沉淀，才可以做好。

第二张专辑发行的时候，摩登天空公司的状况很不佳，已经快发不出工资了。所以新专辑推出，连宣传期的演出也没搞，只搞了一个首发式。那时候我还在一家网站上班，专辑首发的当天我上午上班，下午去专辑首发现场，晚上还去看了达达乐队的第一次演出。当时我们新专辑的封面被用在了《摩登天空》杂志的封面上，那也是《摩登天空》杂志的最后一期，这本杂志一共出了 10 期就终结了。当时沈黎晖什么都想干，所以精力很分散，在艺人和专辑的制作方面只能草草了事。

那几年摇滚乐好像已经没什么市场了，大家都在听国产的流行歌，像羽泉组合这样的歌手在当时特别火。流行歌手的商业演出机会也非常多，但商演一般不会邀请摇滚歌手参加，所以那时候摇滚圈的人普遍过得比较惨。那段日子，我和庞宽都在上班，但是尚笑和刘葆没怎么上过班，也不知道他们是怎么熬过来的。

2003 年，全国闹起了"非典"，我们虽然出了第三张专辑《我们是自动的》，但摩登天空也快完蛋了。第三张专辑里面的歌词本都没人校对了，制作人名单也全是错的。其实在录制的时候，我感觉那张专辑的效果还不错，可不知为什么，后期做完以后，听起来却非常糟糕。

本来我们对这张专辑的期待很高，也非常拼命，连 MV 都拍了半年时间。MV 以星球大战为主题，虽然后来的反响还不错，但因为各种原因，很快也就被人遗忘了。那一年，摩登就只剩一个员工了。那个人想要辞职，就跟

2002年，彭磊、庞宽在录制《她是自动的》

2017年在银川

沈黎晖说："你给我 100 块钱，我要买车票回家。"可是沈黎晖说："我只剩 50 块钱了。"

我们的第三张专辑卖得不好，因为 2003 年左右正是盗版横行的时候，当时最火的就是盗版 DVD。第二张专辑虽然卖得好，但我们拿不了太多版税，卖一张 CD，歌手只能提三四毛钱。我们倒是无所谓，因为我们还在忙其他的工作，没有指着版税生活。

2000 年之后的那几年，中国原创流行歌曲特别火，羽泉组合、韩红、田震这些当红的歌星，他们拍一支 MV 能花 10 万块钱，换作现在，都可以拍网络电影了。当时比较流行用电影胶片拍 MV，实际上在电视上播放根本看不出效果，成本却非常高。羽泉第一张专辑的每首歌都拍了 MV，每支 MV 都要花 10 万块钱。在这种背景下，我们也经常做一些为流行音乐服务的工作，庞宽给他们做平面设计，我来做 MV。因为有这样的工作，我们在 2003 年就买车了，每次去 Live House 演出，其他乐队还要骑自行车去，我们已经能开车去了。由于我和庞宽有各自的专业背景的支撑，在音乐市场处境艰难的那几年，我们挺了过来。

时代在改变

我们的鼓手尚笑在 2002 年离开了乐队，他说要去日本学文学，其实是要去追一个日本女孩子。那个女孩子在中国留学时，和我们认识了。她开始不喜欢尚笑，但尚笑追了她很多年，非常执着，后来终于追上了。但这个女孩子马上就要回日本了，他俩可能也就好了几天，人家就走了。尚笑对这个日本女孩子一直念念不忘，执意要去日本上学。我们心里明白，他哪里是去上学啊！反正那段时间我们乐队比较惨，也没收入，大概也没什么值得他留恋的。

到我们出第三张专辑的时候，乐队就没有鼓手了，录音时，我们只好找了个鼓手来帮忙。其实对摇滚乐队来说，没有鼓手挺奇怪的，但当时我们不太喜欢摇滚风格，所以觉得没关系。从 20 世纪 90 年代开始，就一直有种说法：电子乐的时代即将来临，在未来的音乐市场中，电子乐将独占鳌头。因为 90 年代初的时候，Techno 风格开始风靡德国，大家都觉得这是个趋势，那时候中国就有人说："你们还玩摇滚干吗？以后都是电子乐的天下。"后来很多乐队都开始做这方面的尝试。但实际的情况是，直到今天，电子音乐在中国都没有得到普及，反而越来越走向地下。

我们小时候喜欢听的电子乐其实不能算是纯粹的电子乐，而是合成器流行音乐，属于新浪潮范畴。比如我们熟悉的麦当娜，之后还有 Pet Shop Boys 和 Depeche Mode，他们其实就是用合成器做流行音乐，突出的还是歌唱和旋律。我们小时候受这类音乐影响比较大，所以在乐队没有了鼓手以后，我们就开始偏向这种类型，而且庞宽很喜欢这种类型的音乐创作。

录制《龙虎人丹》时使用的 Fender Jag62 吉他

　　那段日子，庞宽经常来我位于西直门的家里，对着电脑编曲。他把之前写的小样都拿出来重新编，《Bye Bye Disco》《龙虎人丹》这些歌，原来只有简单的框架，没有歌词，我们就把这些歌都做完善了。

　　我们的创作环境也挺惨的，我家住的是筒子楼，连厕所都没有。如果想上厕所，就只能弄个盆来解决，时间一长，屋里臭得没法待人。那时候屋里有一大堆我们买来的老式合成器，有些甚至是 20 世纪 70 年代的，非常经典。环视四周，感觉我家就跟坂本龙一的家差不多，但低头一看，有个尿盆……当时我们感觉自己做的音乐特别时髦，但所处的环境又那么恶劣，形成了巨大的反差。

新裤子乐队前三张专辑的磁带

做电子音乐很费钱，以前每个合成器是一个音源，每个音源带一轨，所以要想做一首完整的歌，可能需要十几个合成器，才能把这首歌的全部音色凑齐。这些设备加起来得要十几万块钱，那个时代没什么人玩电子乐，也有这方面的原因，大家都没什么钱。后来有了合成器软件，代替了硬件设备，音色有了质的飞跃，也不用花那么多钱了，在电脑里就可以制作音乐。但我们刚开始做音乐的时候，软件远没有那么强大。

这张新专辑的风格有了巨大改变，庞宽憋了很多年，写了好多电子风格的歌，但之前乐队走的是朋克风格，所以他的这些歌一直不能发表，现在终于有机会了。其实这张新专辑的名字最初不叫《龙虎人丹》，庞宽准备给新专辑起名叫《巴黎的夜晚》，为了体现他心里向往着西方生活。

把专辑名字改成《龙虎人丹》，主要还是觉得专辑本土化一点比较好。《Bye Bye Disco》这首歌表达的就是一个时代过去了，Disco 音乐在中国流行的时间非常短，只在 20 世纪 80 年代初那几年火过，然后很快就被人们忘记了。我们这首歌就是在纪念那个短暂的潮流。所以在这首歌的 MV 里面，我们穿的也是那种比较旧的衣服，庞宽把他爸爸的衣服找出来穿上，让人有种 80 年代的感觉。这张专辑整体上也给人怀旧的感觉，所以最终我们用了"龙虎人丹"这个比较怀旧、比较本土的名字。后来别人说《龙虎人丹》这张专辑挺火的，我们并没觉得怎样，自己做得开心就好。

2005 年前后，手机彩铃的音乐特别火，庞龙、杨臣刚都是那时候的著名歌手，据说他们的彩铃歌曲被下载了好几千万次。彩铃歌曲是真能赚到钱的，所以整个音乐行业开始聚焦于此。摩登天空也看准了这个商机，沈黎晖鼓动着大家写彩铃歌曲，说彩铃火了，肯定就发了。我那时给别人拍 MV，其中有一首歌叫《QQ 爱》，应该算是很成功的彩铃歌曲。沈黎晖听过以后跟我说："这歌可以，你们要是能写成这样，就行了。"后来我们把《龙虎人丹》录完拿给沈黎晖听，他听完以后摇摇头，说没有一首能做彩铃歌曲的。

那时摩登天空想做流行音乐，还签约了牛奶咖啡，但做出来的东西总是觉得有点另类。这种独立音乐公司做主流流行音乐总是感觉很怪，虽然沈黎晖一直对这件事很上心，但做出来的东西还是有点"邪"，进不了主流。摩登做主流音乐这件事，我们一直没参与，也不太在意这件事能不能实现。

《龙虎人丹》这张专辑最终在 2006 年发行，当时制作和设计还算比较用心，我们也没那么多心理负担，只要玩到极致就行。这张专辑一方面表达了年轻人对西方文化的向往，另一方面又表达了对过去时光的怀念。这些题材在当时很少有人写。尤其是怀旧这个主题，被当时的很多年轻人关注和模仿。

2005年在北京无名高地

2005年在北京钱粮胡同

　　从 2005 年开始，我和庞宽、刘葆又开始在 Live House 演出，我们那时候常去的地方是亚运村的无名高地。无名高地在一条特别阴暗的小胡同里面，第一次去那里演出也不是我们主动要去的，而是有一个朋友要在那里举办 Joy Division 乐队解散多少周年的活动。中国老搞这种纪念外国乐队的活动，主办人说我们乐队特别适合去参加，所以我们就去了。在无名高地，我们还曾和五月天一起演出过，他们当时是来大陆交流。不过那时看演出的观众很少，多的时候也就 100 多人。有一次，重塑雕像的权利乐队演出，现场才来了 3 个人。当时演出还是没什么钱赚，市场仍然不好，参加演出主要是为了玩。

　　玩乐队这件事对现在的年轻人来说已经没有什么吸引力了，这和现在的文化生态演变有关系。在网络时代，年轻人需要的是更直接、更快速的表达，组乐队毕竟还是麻烦事，首先要有几个人，还要写歌，这个周期很长。本来一个人就能搞定的事，却必须要找三四个人一起来做。就算组队成功，也可能头 10 年都没有钱可赚，这事怎么能坚持下去呢？还不如去参加选秀来得快。

　　玩摇滚乐如今也算是比较沉重的事了，不像过去，大家需要一个反叛传统的出口，更需要轻松一点的东西。国外的乐队也一样，现在国外的很多摇滚乐队的生活态度已经从 20

世纪八九十年代那种开放、叛逆转变成非常"素"——吃得素，甚至不近女色。

2005年，新的乐队出现了，但后来火爆的音乐节的概念在那时还没有成熟起来，当时只有迷笛音乐节，规模很小。迷笛音乐节最早就在迷笛音乐学校的教室里面办，相当于他们的教学汇报演出。开始的那两届我们去过，办演出的房子感觉就像锅炉房，演出的乐手都是迷笛的学生，长得神头鬼脸的。我们当时开玩笑说，这就像地狱之门突然打开，放出来很多怪人。他们学校的学生当时都过得比较惨。我记得那会儿参加演出的有舌头乐队，演着演着，他们就把衣服脱光了。痛仰乐队也上场了，唱的歌和舌头乐队一样。其实早期的迷笛音乐节就是自娱自乐，我们的演出也是，只要自己高兴就可以了。

2006年，摩登天空开始组织摩登天空音乐节了。那年年底，我们也开始了乐队巡演。那是乐队的第一次巡演，我们都觉得这事很新鲜，结果这一圈下来，我们把什么样的演出环境都体验了一遍。我们的巡演是自北向南走，从山东淄博开始，到上海，再到广州，一共有10多站。有时在Live House演，有时仍然在歌厅那样的地方演。有的Live House特别小，随便站几个人，屋子就满了。巡演给我的感觉就是每天坐着火车或长途车出发，演完就去喝酒，吃特别脏的东西，搞地下音乐的

《龙虎人丹》

2006年在北京前门

感觉特别强。当时喜欢摇滚乐的还是对文化有追求的、比较先锋的人。巡演回来，很多人和我们说新专辑火了，有些有钱人甚至把专辑封面的贴纸贴在他们的跑车上。

澳大利亚的演出

2007 年以后，我们就开始去国外演出了，最早去的是澳大利亚，我们在那里和当地的一支叫作反刍的乐队一起巡演，为他们暖场。

在去澳大利亚之前，我在人民美术出版社《儿童漫画》杂志当编辑。这个单位是我爸给我介绍的，他以前也是图书编辑，让我去这里上班，是觉得我可以在以后接他的班。那时候我在出版社每个月的收入只有 1400 块钱，在当时算是比较少的了，我是硬着头皮答应的。去澳大利亚前，我正在这个单位做一部名为《淘气包马小跳》的动画片，刚做完，我就跑去巡演了。

以前《儿童漫画》杂志还挺厉害的，一期的销量能有三四十万册，是社里唯一挣钱的刊物。但是等我到这个单位的时候，发行量开始下滑了。杂志社的办公空间就像电视剧《编辑部的故事》里面的场景一样，每个人都有一张没有电脑的写字台，上面放一个铁丝做的篓子，里面是稿纸，在它旁边是一部老式电话机。每个人的写字台上都有一块玻璃板，下面压着自己珍藏的照片。办公室里还放着一个现在已经见不到了的脸

2007年在澳大利亚墨尔本

新裤子

2007年在澳大利亚墨尔本

盆架子，是用来放中午吃完饭洗手的脸盆的。

整个杂志社好像只有一台电脑，单独放在一间屋子里。这台电脑一般不开，只在稿子弄完以后扫描用。那是一台黑白界面的苹果机，里面装着一款 Photoshop 3 软件，用的操作系统是类似 Windows 3.1 的古老系统。这么一台古董级电脑，扫一张图要用一个小时。每天对着这堆老物件坐着，我能干什么？这个单位虽然老旧，不适合工作，但我们挺喜欢那种旧建筑的感觉，在别处还真的很难找到这种地方。后来我拍电影、拍MV，都在这里取过景，《野人也有爱》的 MV 和封面也都是在这里拍的。

我们在澳大利亚演了 20 多场，这是我们第一次出国巡演。这一次，我们真切地感受到了国外那种比较专业的演出氛围，也感受到了真正的摇滚生活是什么样子。在澳大利亚演出的日子里，反刍乐队的每一场演出我们都参与了，他们也是一支朋克乐队，但他们和国内玩乐队的人非常不同，每个人都特别"素"，一点都不噪，连吃饭都只吃素食，非常健康。他们的主唱喜欢做动画，所以总是跟我聊动画、摄影和设计方面的事情。有一次，他还向我请教中文的写法，因为他们要在乐队定制的T 恤上印中文，后来他们还把自己乐队的 T 恤送给了我们。

反刍乐队演出前的准备流程非常专业，我们经常观察他们在演出前如何调音。他们平时就和普通人一样，甚至比普通人还"素"，但一开始演出就特别猛，特别来劲。听多了以后，我甚至有了一种想法，就是中国人根本不适合玩朋克或重金属。这帮西方人特别能折腾，人高马大的，中国人在台上再怎么折腾，都感觉比较弱。他们乐队有一个女孩子以前是德国籍，身高有一米九，特别壮。我们跟她一比，就跟小鸡似的。

我们去国外演出，只要坐长途飞机，身体就吃不消，下了飞机，一脸菜色。后来有一次，我们又去澳大利亚演出，一连飞了十几个小时，在飞机上吃不好睡不好。下了飞机，我们几个人都感觉不行了，非常憔悴。当地的经纪人没安排我们去吃饭，准备直接带我们去当地的动物园参观，我们一听，都要站不住了。但同样是经历长途飞行，一个从旧金山飞过来的白人哥们儿就挺兴奋，直接去卫生间化了妆。庞宽问他为什么要化妆，他说："我来到这么美好的地方，一定要尊重一下这里。"

那一次我们还遇到一个从纽约来的说唱歌手，是个小胖子。到澳大利亚的第二天，他从早到晚一口东西都没有吃，可还是那么活跃。他演出时穿了双尖头皮鞋，可能是因为他太能折腾了，演着演着，鞋开胶了，他就找我们借了大力胶把鞋粘上，接着唱。

我们每次演出，后台都会准备一些小零食和沙拉，外国乐手吃点零食，再喝点啤酒就够了。咱们中国人怎么受得了？必须来一点热的才行。外国人吃东西，基本上都是粗加工的食材，特别简单。但中国人还是比较讲究吃的，所以很难适应那种吃法，觉得没有味道。有一次实在没有办法了，我们就买了一包盐，拿开水冲了一杯盐水，吃完那些零食，再喝几口盐水，假装是在喝汤。还有一次，我们实在饿得不行了，就去当地的中国超市买了五包方便面在锅里煮着吃，特别惨。

不得不感叹西方人的精力特别充沛，而我们中国人吃喝不合适，一切都不行了。所以我们就觉得自己是不是不太适合做这个。中国人噪不动，可西方人不吃不喝什么事情都没有，还那么能折腾。

在澳大利亚，我还发现西方人开 Party 也和中国人不一样。不了解的时候，我觉得他们每天都要搞各种盛大的 Party，但其实他们的 Party 就是一大帮人在马路边上喝啤酒，每个人拿瓶酒，在外面一站就是一晚上，有钱一点的人也顶多开个烤肉Party 而已。咱们中国人聚会可不一样，必须有吃有喝，安排得好好的。而他们那边什么都没有，就是喝酒聊天。

那时候，在澳大利亚生活的中国人和摇滚乐是完全没有关系的。有一次，我们演出的 Live House 旁边就是一家中餐馆，推门进去，一屋子中国人在吃饭，但没有人关心旁边在演什么。

2007年在澳大利布里斯班

一走进中国城，到处都贴着刘德华或周华健世界巡演的海报。我们感觉他们虽然在国外生活，但和当地人是完全活在两个世界里的人。

澳大利亚的演出市场还是很有规模的，完全可以消化掉这些文化产品，他们的摇滚乐手基本上是职业的。澳大利亚的国土面积并不比中国小太多，但是人口跟北京差不多，只有 2000 万。那么少的人，却有这么大的文化消费能力。在北京，很多 Live House 生存得非常艰难。在这方面，我们和国外的差异实在太大了。

我觉得摇滚文化和乐队文化对西方人来说，就是他们的一种主流娱乐文化。而咱们这边很多人的生活中，根本就谈不上有所谓的文化生活，休闲娱乐的主要内容就是参加饭局。我们去看一场演唱会，还特别把它当一件重要的事，还得在朋友圈发一条动态，以示纪念。

通过在澳大利亚的演出，我们学到了

2007年在北京人民美术出版社

许多东西，可以说是大开眼界。在此之前，我们完全不知道摇滚乐在国外是怎么一回事。不过演出回来后，我们乐队也发生了一些变化，刘葆觉得乐队背离了摇滚乐，和他的理念有了偏差，逐渐不和我们玩了，最终退出了乐队。

另一个变化是，在澳大利亚演出一个月回来以后，我单位的领导说："咱们现在改革了，要不一个月给你开 700 块钱？"我说："一个月 700 块钱也可以。"我觉得开多少工资无所谓，反正单位也没事，就待着呗。没想到又过了一个月，领导说："咱们又要改革了，700 块钱给不了，你还是回家吧。"我就这么结束了出版社编辑的工作生涯，这家出版社成了我最后一个工作单位。

海外奇遇

　　2008 年，我们应邀去英国的维多利亚和阿尔伯特艺术博物馆演出，那次演出的背景是借着北京奥运会的风头，在英国搞的一个中国现代展览。展览包含了我们的 Video 和演出，演出是在闭幕式上进行的。这座博物馆有一百多年历史了，我们的演出就在其中一间非常古老的房间里进行，而观众是一帮英国老头。

　　英国人特别正经，甚至有些古板，好像很难有什么事情能打动他们。当时这些观众就在下面静静地看我们表演，还带着点批判的眼光，让整个演出的气氛非常沉闷无聊。后来庞宽跑到台下，往那帮老头身上靠，想跟他们来点互动，但一下就被

作品《摇滚鸭子》，布面丙烯，70x50厘米，2008年

彭磊作品《自画像》，布面丙烯，60x50厘米，2008年

那些老人家给推开了。我们当时演出都戴着帽子，为了活跃气氛，我就把帽子往台下扔。正常情况下，台下的观众一定会抢帽子，但这些英国老头竟然又把帽子给我扔了回来，弄得我们特别尴尬。

2006 年到 2008 年是中国现代艺术井喷的时候，我们到国外演出经常会去看看艺术展，而国内的艺术展也非常多。那个时候的画，只要画得好，就会有人买。2008 年前后，我没事的时候也开始画画，当时一个朋友把什刹海体校的画室借给我用，最后我画了一屋子的画。2008 年以后，现代艺术这股风刮了过去，我也就慢慢不画了，把所有的画拉回了家。那段日子，家里的画多得摆不下，因为当初流行大尺寸的画，觉得越大越好卖，结果很多画都有两米多高。最后实在没地方摆了，我就只能在画上睡觉。

《龙虎人丹》那张专辑在海外发行后，很多国外的乐迷知道了我们，于是我们有机会去了美国、新加坡、澳大利亚等地演出。2008 年，我们又出版了专辑《野人也有爱》，那个时候一方面要延续一些东西，一方面又想往前走，所以有点冲突。《野人也有爱》这首歌其实还算不错，比较复古，学习了老一代摇滚乐风格的歌曲。这首歌的 Video 还借鉴了黑豹乐队《无地自容》的 Video 中在天安门骑挎斗摩托的场景。

2015年在北京星空间

《世界都市iLook》2009年5月刊新裤子封面

　　2008 年以后，国内的音乐节慢慢发展起来，乐队的演出也开始多起来，收入状况也有了一些好转。这一年，乐队做了第二次全国巡演，但那次巡演感觉比第一次还惨，演出环境并没有任何改善，导致我们一连好几年都不再想巡演了。第二次巡演时，我们已经没有了贝斯手，而我们从便利商店乐队找的贝斯手小胖子演到一半，就回北京接活去了。正巧我们在演出途中碰到了牛奶咖啡组合的格非，他提议帮我们弹贝斯救场。结果我们要演 20 首歌，他其实一首都不会弹。上台以后，他就开始瞎弹，我们都要疯掉了，那种演出简直就是一锅粥——穷凑合。直到 2009 年赵梦加入了乐队，我们贝斯手的角色才终于稳定下来。

　　我们状态最好的一次演出是 2008 年在澳大利亚，那次我们是去布里斯班的一个艺术展做助演嘉宾。那一次的路程特别辛苦，因为去布里斯班需要转机，所以花在路上的时间特别长。我们坐了 20 多个小时飞机才到达布里斯班，一下飞机，澳大利亚的经纪人就带我们去看展览，我们几个人都感觉快累死了。看完展览，他直接就带我们去附近的小城市演出，又要几个小时车程。那个城市特别小，我印象里只有两条街道。我们演出的场地在一个饭馆里，到了以后，我们终于在饭馆老板家里吃了点东西。

新裤子

那天晚上的演出开始之前，还有几支本地的乐队为我们暖场。整个屋子只有二三十平方米的样子，光是参加演出的人，就已经站满了。经过几十个小时的折腾，我们几个人已经筋疲力尽。最后轮到我们上场了，只好硬着头皮去演。说来也奇怪，可能是我们已经疲惫到了一个临界点，过了这个点以后，感觉快累死的我们又满血复活了，状态开始往好的方向转变。那场演出的设备并不是很好，但我们感觉那是我们演得最好的一场，所有物质层面的条件都不再重要了，我们的脑子里只剩下了音乐。在这次近乎完美的演出之后，我们再也没有这样的体验。那一次，用庞宽的话说，真的是把西方人给演服了。

没有理想的人不伤心

  2011 年，我们去美国的 Coachella 音乐节演出，这是美国最大的音乐节，可能也是目前世界上最有影响力的音乐节。全世界的大牌艺人都会参与，观众有十几万人之多，而我们是第一支在那里演出的亚洲乐队。到了美国之后，感觉那里和其他国家完全不一样，至少比英国时髦多了。美国的乐队，不论是娱乐性还是时髦程度，都相当牛，相比之下，中国的乐队实在太弱了。我感觉他们所有的乐队都特别拼命，唱歌声音大到让人害怕。乐手们也都打扮得特别有样儿，状态特别好。有一个很有意思的地方是，我们在 Coachella 音乐节看国外的乐队演出时，会发现这支乐队很像美国的新裤子乐队，另一支乐队又

新裤子

2011年在美国Coachella音乐节

像美国的后海大鲨鱼乐队,我们都很像这些外国乐队的翻版。

2011 年我们参加 Coachella 音乐节,是受美国著名的潮流文化杂志 *VICE* 的邀请,这是他们主办的 "Creators Project" (创想计划)的一部分。出发的时候,我们带了一台苹果电脑的显示器,想整一点花样出来。大家都知道谢天笑演出的时候爱砸琴,我们觉得这太俗了,所以准备在美国的演出现场砸一台电脑。演出的时候,我们就把带来的这台 G4 苹果电脑的显示器砸了,但是主办方很不高兴,因为他们办的创想计划是芯片制造商 Intel 赞助的,而苹果机用的都是 Intel 的芯片,所以他们觉得我们是在跟他们对着干。

在后来的表演中,我们放了一段《著名导演》这首歌的Video,里面有一个黑色的猴子的形象。这个 Video 的内容其实是在讽刺那些流氓导演的行为,那只猴子其实就是一个导演,它就像歌词里唱的:长胡子、秃脑袋、大肚子、留辫子,还穿着黑色的摄影背心。在中国人看来,这就是一个流氓导演的典型形象。可美国人非得说我们这是歧视黑人,说那只黑猴子就是黑人,简直让我们哭笑不得。这回美国 *VICE* 杂志的人真的急了,向他们的中国同事投诉我们,结果从这件事情以后,*VICE*就再也没跟我们合作过。

等我们再去美国,已经是 2015 年摩登天空开始在海外做

2012年在北京中央电视台

音乐节的时候了。那时候参加海外音乐节的全是中国的留学生，演出的感觉已经和在国内没有什么区别了。很早以前，中国的乐队和美国的音乐界并没有太多联系，后来中国的好多乐队都有机会去美国演出了，这其实都是因为一个人——Michael Lojudice。

　　Michael 是纽约人，负责摩登天空在美国成立的分部。他和摩登的缘分源自我们乐队原来的经纪人孟金辉，孟金辉曾去英国留学，回国后来到摩登天空上班，成为摩登天空与海外联络的一个渠道。孟金辉偶然在网上认识了 Michael，Michael 就来到北京，入职了摩登天空。一开始他就住在孟金辉家里，我们还经常在一起喝酒、打牌。他俩有一次去上海出差时喝多了，住的酒店门口有两个用来装盆栽植物的大盆，Michael 就把其中一个大盆搬到了酒店房间里。第二天早上，他发现自己抱着盆睡了一宿。后来 Michael 回到了美国，成立了摩登天空的美国分部，推动了中国乐队在海外的演出交流，也策划了摩登天空音乐节走向海外。

　　去美国演出的经历给了我们很大的震动，我们觉得自己的音乐不能再像以前那样做了，要有一点转变。不能仅仅因为在国内有歌迷喜欢就止步不前了，还是要把音乐打造得更强才行。回来之后，我们就开始制作《Sex Drugs Internet》这张专辑。这张专辑在音乐上跟以前大不一样，但反响也就那么回事。

2015年在洛杉矶

新裤子

录制《生命因你而火热》使用的Jazzmaster吉他

这张专辑是我们向国际乐坛标准看齐的一张唱片，但国内的歌迷并不关注这些，他们更需要看一首歌是否走心，是否唱的是他们的生活，音乐既要顺耳也不能太吵，歌词也要能看明白。我们这张专辑和歌迷的要求完全搭不上边。后来我们在国内音乐节上的演出也反映了这一点，很多东西歌迷明显消化不了。比如在我们之前上场的是本土摇滚风格的乐队，我们上场之后，表演的是时髦并带有电子风格的音乐，唱得怪里怪气的，所以就会特别冷场。

这样的状况直接导致我们从 2013 年开始进入黑暗时期，听

录制《你要跳舞吗》使用的Fender Jag-Stang吉他

众对我们的新风格完全消化不了，而西方根本就没有我们的空间，我们玩得再好，也不可能融入西方主流音乐的世界。有些国内的乐队也做过类似的尝试，重塑雕像的权利乐队还和著名的 Depeche Mode 乐队做了全球巡演。但巡演回来以后，他们发现自己在国内连个排练室都没有。理想和现实的差距如此之大。

所以我们反思了一下，觉得还是要立足中国，没有必要去国外拼。我们还是要把注意力拉回来，关注一下中国乐迷的诉求，不能一意孤行，按照我们自己的审美由着性子来做音乐。其实《龙虎人丹》也是按照我们自己的感受来创作的专辑，只不过它碰巧和那几年大众的喜好撞上了。我们的问题就是走得太超前，太在乎自己的感受，这样似乎并不是很好。

后来我发现一个规律，很多红了的歌曲，主题都是生活潦倒或者境遇不佳，主歌部分低吟浅唱，副歌部分开始飙高音，情绪爆发。现在流行的歌基本上都是这个路子，但这个路子跟我们之前的音乐完全是两码事，差得特别远。即便如此，我们还是觉得可以照这个思路去试一试。于是我就开始写歌词，那时候正赶上我比较失意，各方面都不顺，所以歌词也写得比较长，跟一篇作文似的。歌曲的旋律也是按照主歌低沉、副歌高亢的思路来构思，这首歌就是《没有理想的人不伤心》。歌曲问世以后，很多人马上就开始听，我们好像赢回了市场。在这之

2016年在南京

新裤子

后，乐队的境况也开始顺利了，扭转了之前的窘境。

但是我觉得，其实从这首歌开始，乐队才走向了黑暗时期，因为我们对音乐的自我追求停止了，转而考虑起市场的问题。但流行的风潮很难把握，2017 年嘻哈火了，一下子就没人看乐队的演出了，连音乐节都很难办起来。2017 年，《缝纫机乐队》这部电影为中国摇滚画了个句号，但这个句号没画好，最后还是《中国乐队》彻底把摇滚的棺材板给盖上了。

歌曲最核心的东西要能够打动人，虽然可能连歌词都听不懂，但旋律传达出来的情绪能够感染人，这是很难达到的一种境界。如果自己没有情感，又拿什么传达给别人呢？

2013—2015年演出时使用的Airline 吉他

铁皮玩具

我和庞宽都很喜欢复古的东西，庞宽开过复古国货店，我以前收藏过 20 世纪七八十年代流行的铁皮玩具。因为我们都是70 后，所以小时候赶上了铁皮玩具流行的尾巴。等到 80 年代以后，这东西就慢慢绝迹了。

我上幼儿园的时候，园里给孩子们玩的都是那种铁皮玩具。由于我接触铁皮玩具的时候还太小，所以后来就逐渐把这东西遗忘了。等到我上高中的时候，我们去一家幼儿园画画，偶然在那里的垃圾桶里面看到一辆老旧的铁皮汽车。那辆车是红色的，能利用惯性自己跑，这辆车一下子唤起了我小时候玩铁皮玩具的那些记忆，所以我再次对这种玩具产生了浓厚的兴趣。

新裤子

2005年在北京钱粮胡同

从那时候起，我就开始有意识地收集铁皮玩具了。

直到 20 世纪 90 年代末的时候，还有工厂在生产这些铁皮玩具，而且北京和上海的产量还挺大的。北京的铁皮玩具厂在宣武区南横街那边，叫北京第一玩具厂。我知道他们仍然在生产铁皮玩具以后，就去了那里。厂子里面有一个仓库，里面全是这种东西，当时根本没有人买。听厂里的人说，这些铁皮玩具只有一些外国人会发一点订单，另外有少量出口，剩下的基本上全扔在这儿。

上海的铁皮玩具厂在浦东的世博园那边，原来那片地区全是工厂。出口量最大的是曙光玩具厂，他们出产的玩具当中，最经典的一款产品叫作"7 号飞船"，也是带有惯性自走功能的。飞船上面写着一个"7"字，座舱里还有一个胶皮脑袋的小人儿。当时 7 号飞船的产量特别大，20 世纪七八十年代的小朋友几乎人手一个。我第一次去那家工厂的时候，看到有一栋楼里面放的全是这种飞船，但是已经完全没有人再去买了。

后来我收集的铁皮玩具越来越多，2001 年的时候，尚笑说想开一家店。我说："你要开店，就开一家玩具店吧，这样我也能卖一些多余的铁皮玩具。"于是我就在东四的钱粮胡同开店卖这些东西。开始的时候几乎无人问津，后来慢慢有一些外国人注意到铁皮玩具的独特价值，开始购买，但国内的人始终对这

彭磊作品《7号飞船》，布面油画，120x80厘米，2008年

些玩具不感兴趣。

其实铁皮玩具是很有本土设计思路的一代产品。20 世纪 80 年代以后，无论是玩具还是其他工业产品，在产品设计方面，国内和国外都一体化了，我们基本上都是在模仿国外的设计。而铁皮玩具盛行的时期，国内的设计思路还比较本土化。虽然很多东西也借鉴了国外产品的设计，但感觉上还是不太一样。这也是我觉得铁皮玩具有价值、有意思的地方。

我的玩具店从 2001 年一直开到 2008 年就关门了，因为从 2008 年开始，实体店面的经营就开始不行了，好多产品的销售都转移到了网络上。而且说实话，我也不太适合搞销售。

我以前还画过一系列类似米老鼠和唐老鸭形象的画。其实这些画的创意很早就有了，1998 年我们开始做第一张专辑的 Video 时，我就开始设计这两个形象了，《新裤子》专辑的内页里也有。其实这是我想象的外国的动画形象到了中国以后将会变成的样子，后来我觉得这两个形象挺好的，就保留下来一直画。

2006 年，所谓的现代艺术开始热起来，我就主要画以这两个形象为主题的画，它俩干的事情都是非常本土的，感觉就是在北京这个环境里面发生的事情。有些画画的也不是当时的北

彭磊收藏的老磁带和一些20世纪80年代的精品

新裤子

京，而是过去的北京，所以画里面也有一些复古的元素。2007
年的时候，画比较好卖，到了 2008 年，就卖不动了。那个时候
我就开始胡来，最初画油画，油画卖不掉又画丙烯画，然后丙
烯画也卖不掉，我就学安迪·沃霍尔做丝网印版画，最后又在
喷绘上画画，总之每天都在变，最后剩了一屋子的画。

2008 年以后，收藏市场就不好了。2017 年，我还观察了嘉

彭磊收藏的铁皮玩具

德的秋拍情况，发现全是画廊互相买卖，没有藏家进场了。最近 10 年来，艺术品市场一直都不是很好。其实 90 后的年轻人也搞收藏，但他们关注的不是当代艺术，他们认为那些东西都太腐朽，会把钱花在潮流的东西上面。有一次，我从家里翻出一双臭球鞋，这球鞋是乔丹一代，很多人会收藏这一代的鞋。我这双鞋是 2003 年买的，被我穿得不能再破了，本来想扔了算了，估计扔了都没有人捡。但我一时兴起，把这双鞋放到闲鱼上去卖，竟然来了好多人评论，其中有一个人对这双鞋特别感兴趣，他让我把鞋垫拿出来，把鞋底拍照给他看。我把鞋垫拿出来后，发现下面都是棉花。照片发出去以后，那个人说这个版本的鞋不错，还说了很多这双鞋的门道，最后说要买这双鞋。我在网上挂出的价格是 500 块钱，他买了以后才发现这双鞋实

2005年在北京彭磊家中

在太破了。后来他跟我说："你退我 150 块钱，我就当那 350 块钱扔了，那双鞋我就扔垃圾桶了。"我觉得追赶潮流的人特别盲目，但确实有很大一批人在追求这方面的东西。

以前我还特别喜欢 Bearbrick 的玩具熊，自己买了很多。这家公司做的 Sex Pistols（性手枪乐队）的玩具形象，以及装扮成米其林和米老鼠的小熊都很不错。后来有一次，我看到 *VICE* 给陈冠希拍的纪录片，发现他家有一屋子 Bearbrick 的玩具熊，我突然觉得自己不能跟他一样，就把玩具熊都卖了。后来我发现自己卖早了，因为纪录片一播出，Bearbrick 玩具熊的价格大涨。从那以后，我就不买玩具了。

我是一个电影导演

　　乐队出第一张专辑的前一年，我们已经从学校毕业了。毕业以后，庞宽直接去了设计公司上班，我开始补习功课，准备考大学。其实那时从美校毕业不能直接考大学，我是自己愣去考的。我的文化课补习了半年都觉得没把握，补习班的学费也挺贵，所以我就想放弃了。正巧岳程也在考大学，但他的专业课考试没通过，他就把他没用的补习班资格转给了我，于是我又继续参加补习班的学习。最后我终于通过了考试，考上了北京电影学院动画系的第一期。

　　大学的氛围和高中完全不同，大学里的学生就像从全国各地过来拼命的，没有高中那么自由和真实。但电影学院有一点

挺好的，就是每周会放几场电影，在我上大学的年代，能看到
不同类型的电影是件挺不容易的事情。我们那时候对文艺片完
全没概念，不明白电影有什么可文艺的。上课时，老师会给我
们讲电影大师的作品，这都是原来没接触过的东西。通过这些
经历，我慢慢对电影有了一些自己的理解。原来我觉得电影很
神圣、很复杂，后来发现其实电影也能很浑、很出格。

我当时学的是动画专业，这是件苦差事，经常一秒钟的动

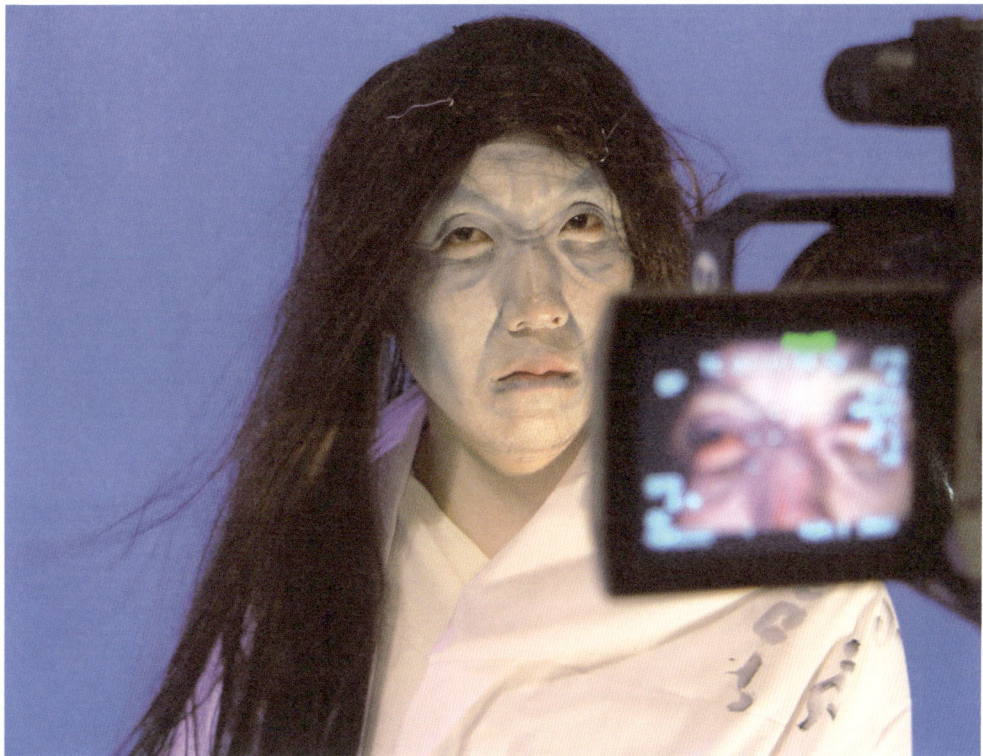

2004年，彭磊在拍摄《北海怪兽》

2007年在通州漷县镇拍摄《野人也有爱》

画要画十几到二十几幅画。学完动画再做别的事，都觉得没那么复杂了。电影学院给了我一个学习新东西的氛围，但那里的学生没有美校的学生有趣，他们都想着以后怎么当明星。后来周围的人开始搞电影创作，我也受到一些影响，开始做自己的作品。

我从 2004 年左右开始接触电影拍摄，那段时间我经常给别的歌手拍 Video，过程特别无聊。后来有一次，我在法国大使馆的一所小学里面看到了贾樟柯的电影《站台》，给我的印象很深。《站台》这部电影特别长，而且演员都讲山西话，我也听不懂。即便如此，我还是感到很震撼。以前我没有看过这种电影，觉得这么惨、这么无聊的一件事，怎么能拍成这么牛的片子？片子里传达出青春的伤感，表现得非常强烈。而且我发现这部片子并不是标准化的制作，我就觉得自己是不是也可以试着这么做。

那时候刚好我的一个朋友参与制作贾樟柯的电影《任逍遥》，我就去问这个朋友拍摄是不是很麻烦，他说他拿着一部两万多块钱的 DV 就直接去拍了。后来我看了《任逍遥》，觉得那部电影拍得特别好，于是我从内心来讲就更想尝试一下电影制作。

最终我的另一位导演朋友的经历让我决定去拍电影。这位

2007年在通州潞县镇拍摄《野人也有爱》

朋友叫施润玖，他曾拍过中国第一部公路片《走到底》。有一次，他找我帮他拍一段动画，想用在广告片里。聊天中，他说他拍广告是因为自己正在拍一部纪录片，但是缺钱了，所以想用拍广告的收入来填补。后来他去西藏拍了关于庙宇的纪录片。施润玖就是这样，按自己的兴趣来拍片，经费不够就用其他渠道的收入来弥补，拍电影成了他实现自我价值的方式，钱只是实现价值的基础。我感觉他境界很高，觉得自己也可以这么干，赚的钱够生活就可以了，我要追求更高层次的东西。

就这样，2004 年我开始拍摄自己的第一部电影，名字叫作《北海怪兽》。这部电影里面有好多动画的成分，所以整部电影的制作特别费劲。我当时没有太多经验，用的演员是吴庆晨，经常拍着拍着就找不着人了，所以那部电影断断续续拍了两年才拍完。电影放映之后，关注度还可以，很多人喜欢看。片子是科幻题材的，这在国内挺少见，虽然制作得比较差，但当时对年轻人来说算是一件挺新鲜的事。我拍电影非常认真，但我感觉其他人都不认真，他们以为我是在玩，其实并不是。等片子拍完了，他们又后悔了，觉得还可以表现得更好一点。

之后我又拍了《熊猫奶糖》。2006 年年底，我们去巡演，我想既然能去那么多地方，不如趁这个机会拍一部电影。这部片子讲的是两个女孩在一起的故事。那个时候"超级女声"的势

熊猫奶糖
The Panda Candy

编剧导演：彭磊
Screenwriter&Director: Peng Lei
主演：春树 taki. 张 涂强 吴庆晨
Cast: Chun Shu, Taki Zhang, Tu Qiang, Wunji

22FILM

《熊猫奶糖》

2012年在上海电影节

头特别猛，经常可以看到两个女孩手拉手走在马路上，你也不知道俩人是真好还是假好。这种现象在当时也是一种潮流。我就是想探讨一下这个问题，看是不是真有这么多女孩愿意跟女孩在一起。这部电影没有拿到"龙标"，所以没法在国内放映，但是参加了好多电影节，成绩也挺好。这部电影是现实主义题材，和第一部电影的风格完全不一样。

《熊猫奶糖》的内容谈不上是个完整的故事，一直到我2008年拍《野人也有爱》的时候，情况才有所转变，故事变得更有意思了。那部电影完全是照着20世纪80年代的国产片来制作的，拍了一年多才完成。片子讲的是一个外来务工人员来到北京打拼，后来受到伤害的故事，主演是丁太升。主人公在老家是一个做痰盂的人，他的女友来北京以后在发廊工作，他也跟着来了北京，从此开始迷失自己。后来他在电视购物节目里买了一条所谓的壮阳内裤，穿上以后，他就变成了一个在城里狂奔的野人。

这是一个特别离谱的故事，创作的初衷是想拍一部带有比较老旧感觉的电影，把国产电影中的离奇元素放进来。影片开头就是一个考察队寻找野人的过程，这也是我们小时候特别感兴趣的事情。这部电影的反响特别不好，很多人看完都不知道这电影在讲什么。也许放在今天，会有一些喜欢它的人能够找到电影里有意思的地方。

这部电影没有人投资，完全是我自己拍，自己剪辑。本来我们要把影片放在《野人也有爱》专辑的 DVD 光盘里，但是出版社说我们的片子粗俗，不让我们放，所以我们只好把影片文件藏在 DVD 目录里当作彩蛋呈现。由于很难被发现，因此很少有人看过这部片子。不管别人怎么想，我们自己还是很喜欢这部电影的，我觉得它挺成功，符合我们的价值观和品位。

2011 年，我开始拍第四部电影，名字叫《乐队》。这部电影彻底不用吴庆晨这个演员了，摄影是和老安合作。老安就是安德烈·卡瓦祖蒂，是个意大利人，大家都叫他老安。他在 1980 年就来到了中国，拍了很多反映中国的照片，王小波生前唯一一部访谈纪录片就是他拍摄的。《乐队》这部电影故事性也很强，讲的是北京的年轻人组乐队的故事。这部片子第一次拿到了"龙标"，我也终于从拍地下电影转到了地上。这部片子参加了很多电影节，在北京和上海电影节都得过奖，大家终于知道我不是胡闹了。

这部电影也算给我提供了一个转机，我觉得自己也许可以走拍电影这条路了。但是后来出了一个问题，我这部电影在上海电影节得了奖，电影节给了我 15 万块钱的奖金，但是这 15 万块钱却被一个给我帮忙的大学同学卷跑了。这事挺让我堵心

房间里的舞蹈
DANCING IN THE ROOM

彭磊导演作品
A PENG LEI FILM

出品人
王威
EXECUTIVE PRODUCER
WANG WEI

花脸猫
FLOWER CAT
江雨晨 李京
JIANG YUCHEN LI JING
张楠 健崔
ZHANG NAN JIAN CUI
梁晓菲 小 P
LIANG XIAOFEI XIAO P
特别客串
赵怡文 吴庆晨
SPECIAL GUEST
ZHAO YIWEN WU QINGCHEN

摄影
安德烈卡瓦祖提
DIRECTOR OF PHOTOGRAPHY
ANDREA CAVAZZUTI

北京岐波盛世文化传媒有限公司 出品
QIBO GOLDEN AGE CULTURE MEDIA PRESENTS

《房间里的舞蹈》

新裤子

的，我觉得自己心里受到了一些打击，因为那个人和我认识差不多 20 年了，没有想到他人品那么差。当时我已经开始拍下一部电影了，他在这个时候把钱卷走，弄得我非常被动。那时已经快到 2013 年了，我们乐队也开始进入了黑暗时期。

我的第五部电影叫《房间里的舞蹈》，讲的是在互联网时代，很多人在网上争吵，甚至互相谩骂，而在现实生活中，这些人同样都比较惨。这部片子可能是目前国内唯一一部探讨文艺青年的网络与现实生活之间关系的电影。这个题材我后来也没见有其他人拍过，大家可能觉得这个题材太无聊了，但我觉得它挺有意思。

拍过几部电影之后，有很多人开始来找我，让我拍一些比较俗的商业电影，包括摩登天空的沈黎晖，他想拍一部《董小

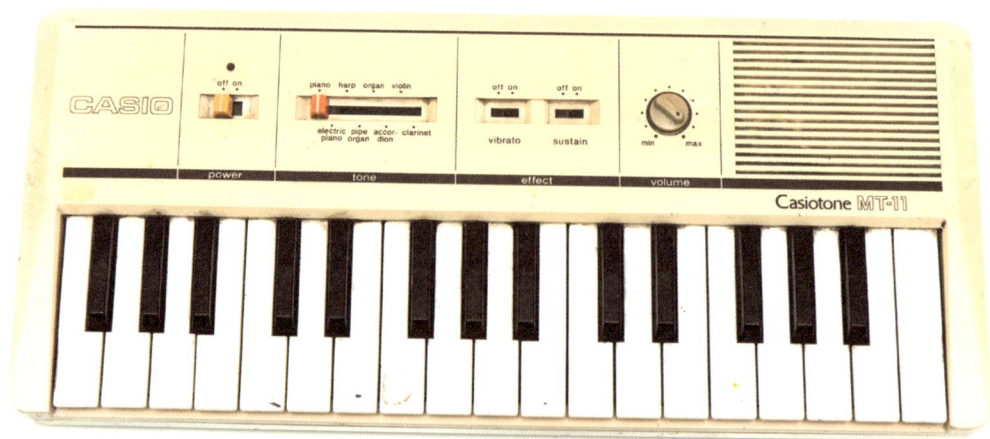

乐队在《两个女朋友》的MV中使用的卡西欧电子琴

2017年在北京

姐》。前两年出现了很多类似的片子，一首歌的 IP 衍生出一部特别俗气的电影。那时正是电影市场井喷的时候，拍什么东西都卖钱，现在肯定不行了，幸好我那时候没有跟这个风。

年轻的时候，人们很容易受音乐、电影、文学这些东西的蛊惑和吸引，会觉得这些事如果能一直坚持干下去，没准就成功了，但其实在这些方面想成功，挺难的。我记得侯孝贤在拍《刺客聂隐娘》的时候搞了一个开机仪式，主办方请人吃饭，结果来了 200 个人。当时侯导就有点意见，他说自己干电影这行好几十年了，遇到的最大问题就是钱的问题，从来没有哪一次钱是宽裕的。他可能很反对这种铺张，但中国人特别喜欢找一堆人来凑热闹。其实表面上看，侯孝贤这样的大师级导演拍的东西特别有艺术价值，但实际上跟钱一点关系都没有。我曾看过黑泽明的访谈，他也是这样，一直困扰他的就是资金问题，没有别的。所以年轻的时候，有人会选择艺术之路，实际上他们不明白，这件事跟经济条件的改善并没有太大关系。当然，也有相当一部分人挣到钱了，我们算是比较幸运的人。

忧伤的故事

　　最近 20 年的时间，我基本上把所有精力都投入到创作中。大学毕业后，我希望成为一个电影导演，实际上却成了动画片导演。每个动画作品的制作过程都漫长又艰辛，比做音乐要辛苦太多。我们的第一支定格动画 MV《我爱你》，是我和李纲不间断地工作了三个月才完成的。《她是自动的》制作了半年时间，几乎熬白了头发。后来开始拍电影，一干就是十几年。

　　音乐对我来说一直是不灭的理想，每个理想都需要花一生的时间去追求。电影梦也同样那么遥不可及，认真努力的人总会有回报。在拍过三部地下电影后，我终于有一部作品登上了大银幕，我再也不是那个只能看客户脸色的行活儿导演，我终于可以以自己的方式表达了。

画画的时候，我最长每天不间断地在画室里画了两年。音乐更是每天都在脑子里盘旋，很多歌都用了好几年才完成。庞宽有一首歌叫《我的八十年代》，一共花了20年时间才完成。把生命浪费在创作上，总好过把它浪费在办公室里，在手机上，在无穷尽的等待中。

最不愿意听到的话是：你是画画的，帮我画张像吧，要不送我张画吧；你是搞音乐的，帮我写首歌吧；你是拍电影的，我一哥们儿结婚，帮我来个婚礼摄影吧。说出这样的话的人，一定是脑子进水了。

我们骄傲地谈论艺术的时候，像在谈论自己的经历，其实那些作品的作者并不知道我们是谁。我们谈论它，让自己显得有态度、有品位。如果没有这些文化，我的生活会多无趣。

何以解忧？音乐、电影、戏剧、绘画都只为我们编织了一个梦。我们一直努力为自己解忧，更多的还是失望。有了孩子之后，好多次我觉得我的艺术生命结束了，更多的是消耗和磨炼，年轻的时光真的不在了。

一个一个时代过去得太快了，好多原来念念不忘的东西，

彭磊作品《KTV包房》，布面丙烯，80x120厘米，2008年

现在连想都想不起。而且我也发现，越来越多的人被时代抛弃了，嘴上说调整自己跟上时代，却还是坚守过去，等待腐烂——没人惦记的人会下地狱。

说理想多么伟大，多么遥远，其实大多是物质上的要求。日子如果不是那么水深火热，如果能在床上躺着，想躺多久就多久，那人生理想就真的实现了。

有一次回家，父母跟我说 2008 年去什刹海体校看我画画，中午一起在新川面馆吃了饭。父母觉得我过得特别苦，画了一屋子画，也卖不出去。我拍的电影在电影院里看不到，我的音乐永远上不了春晚。在父母眼里，我还是个潦倒的飘浮在空中的理想主义者。但我还是请父母放心，我过得非常好。

现在比较普通的年轻人喜欢韩国明星，有点追求但没什么知识的喜欢日本文化，爱做梦的喜欢美国电视剧，更闭塞一点的喜欢港台流行文化。反正一代一代的年轻人长大了，归属感却越来越缺乏了。

我老婆比我有文化，好多电影我根本看不明白，我老婆却看得很有兴致。和她好之前，我基本是个文盲，我虽然又拍电影又做音乐，但其实我听的音乐很少，也不看电影。我们在一起生活之后，我才放下了许多对文艺作品的芥蒂，才慢慢了解什么是商业。我原来是喜欢走瞎道的人，现在才慢慢接受很多东西。我问我老婆为什么会看上我，她说她喜欢比她聪明的人。

2006 年 12 月 9 日，我和她在成都的小酒馆相识。2007 年的 12 月 9 日，我们又在小酒馆遇见了，命运不可阻挡地把我们连在了一起。当时她还是个 20 岁的大学生，而我已经是个 30 岁的老哥了，而且穷困潦倒、糊里糊涂，还有女朋友和五只猫。我想小女孩的新鲜劲可能一阵就过去了，但她拼了命要和我在一起，大学没毕业就跑来和我一起住了。之后我的人生彻底走向上升状态，几乎做什么都能成功。虽然我依然讨厌得像个屁孩子，但有她的帮助，我还是变得成熟了。我老婆从来没有做过一般女孩会做的外国梦、中产梦，也没在物质上逼迫过我，所以虽然我不富裕，但我从来不会自卑。我们一起完成了两部艰难的电影，一起经历了太多开心、闪光的事情。能和她在一起，我一生无憾，也希望我们能一起把"小白猪"养好。

好久以前，在北京一栋普通的老式六层单元楼里，一个帅气的王子被囚禁在这里。他的工作就是抚养照顾一只小白猪，终日不得踏出房间半步。王子曾经琴棋书画样样出众，并有无数女性朋友仰慕他。但王子在养育小猪的漫漫时光里淡忘了这一切，他已经忘了自由的滋味，忘了人间还有享乐。随着清苦、平淡的流逝，这个王子长得越来越帅了。这个王子就是我。

2007年在成都

我有反大众的人格，觉得别人喜欢的都是破玩意儿，看谁都不顺眼。我与众不同，不喜欢大众口味，从来不去参加电视节目，也讨厌媒体、讨厌宣传，去演出时，看到人很多就会烦躁。但最终我们还是呈现了几天几夜也欣赏不完的文艺作品。我老婆也是个特别叛逆的人，与众不同，不喜欢大众口味，所以会嫁给我。结果我们的孩子综合了我们的优点，虽然没有毁灭世界的力量，但有毁灭一切的人格。

摇滚乐是邪恶的东西，是魔鬼发明的诅咒，只有真正的魔鬼才能驾驭它，那些不是魔鬼的普通人只会被它摧残、毁灭。我就不是魔鬼，所以摇滚乐毁了我。

如果死的时候，有爱你的人陪在身边，那会是最幸福的事。希望我死的时候，有爱我的人在我身边，我不想做那个陪伴的人，我想做那个先死的人。希望死亡真的是一个更好的开始。

我觉得自己是个特别讨厌的人，可是上天特别眷顾我。我对别人大都态度冷淡，喜欢挖苦人，放大他人的短处。可不管是周围的朋友还是陌生人，大多对我很友善，愿意帮助我，让我总有一种复杂的感觉，很难受。我有这么好的命，不当皇帝真是浪费了。

什么也比不上开心，可是开心太难了。

新裤子

　　这个社会需要的是老哥，不需要文艺青年，不需要知识分子。

　　北京是个特别有意思的地方，但越来越多有意思的人离开了，有意思的地方也消失了不少，快成为那些没文化的、终日为一口饭奔波的、无聊的人的乐园了。

　　现在的人都喜欢看到一些比自己惨的人，拿他们取乐，认为自己上了几天网，知识很丰富，生活比较优越，就像美剧里的中产阶级用自己睿智的大脑取笑不如自己的人。其实大家真的都生活在水深火热之中，反正我丝毫没有优越感，美不起来。

　　岳程突然给我打电话，说他结婚了，和那个爱尔兰国花。想起我和岳程是八岁在少年宫学画的时候认识的，之后一直混在一起，一起听摇滚乐，一起学抽烟喝酒，一起考大学，一起蹦迪，一起玩乐队。我人生中最快乐的少年时光都是和他一起度过的。1998年，他去了日本，之后我们每隔三四年才见一次面，他一直在日本打工搞设计，一直坚持做音乐。我们还在一起演出过。只是过了那么久，我和他还像没头苍蝇一样，不知道自己到底要干什么。不变的还是对文艺的热爱，努力不做一个庸俗的人。

　　这个故事表面上看挺让人开心的，其实是个忧伤的故事。大多数时间，我们几个人都是无法融入社会的，我们还是会向

2011年在北京雍和宫

新裤子

2009年，新裤子与雷朋眼镜合作"重温经典"系列演唱会

生活低头，同时也会被琐事牵绊。但几个人在一起创造一段音乐、一段故事，这是其他体验无法比拟的，这就是乐队的魅力吧。如果没有乐队，我们几个人也只是默默地度过时光，死的时候也没有那么多光彩的瞬间可回忆。我没有虚度我的青春，我不会对过去感到后悔。有爱，有恨，有很多难过，还有音乐，它们会生生不息。

PART 2

庞宽

我们的学校

　　几天前，有个同学在我们高中的同学群里发了一张照片，告诉大家他出家当和尚了，群里的很多同学都表示很震惊。我们这所学校的氛围比较怪，它是一所工艺美术学校，属于工艺美术系，专门教授传统工艺美术，比如景泰蓝、大漆，后来又有了平面设计等新专业，但所有专业的基础还是画画。

　　这所学校出了很多玩音乐的人，第一代代表人物是丁武，之后是沈黎晖，然后是超级市场乐队和我们新裤子乐队，最后就是二手玫瑰乐队。我感觉这所学校简直从一所美术学校变成了迷笛那样的音乐学校，而且给人感觉特别有传承。现在这所学校和我们上学的时候不一样了，也没有原来好玩了，变得越来越正规。以前它是中专，后来改成了大专，现在已经升级成学院了。

当年彭磊在环境艺术设计专业，学习雕塑设计，而我是学平面设计的。我们班女生太多了，我跟她们玩不到一起去，所以经常去彭磊他们班玩，跟他们班的同学混。那时候他们班有一个同学组了一支乐队，叫雪百合。乐队的吉他手是美院附中的学生，鼓手和贝斯手都是本校的人。这支乐队经常在我们学校里面排练，我和彭磊经常去看，感觉这支乐队挺好玩的。其实在那个时候，我们连吉他有几根弦都弄不明白，只是看着他们玩。

庞宽翻录的黑豹乐队的磁带

新裤子

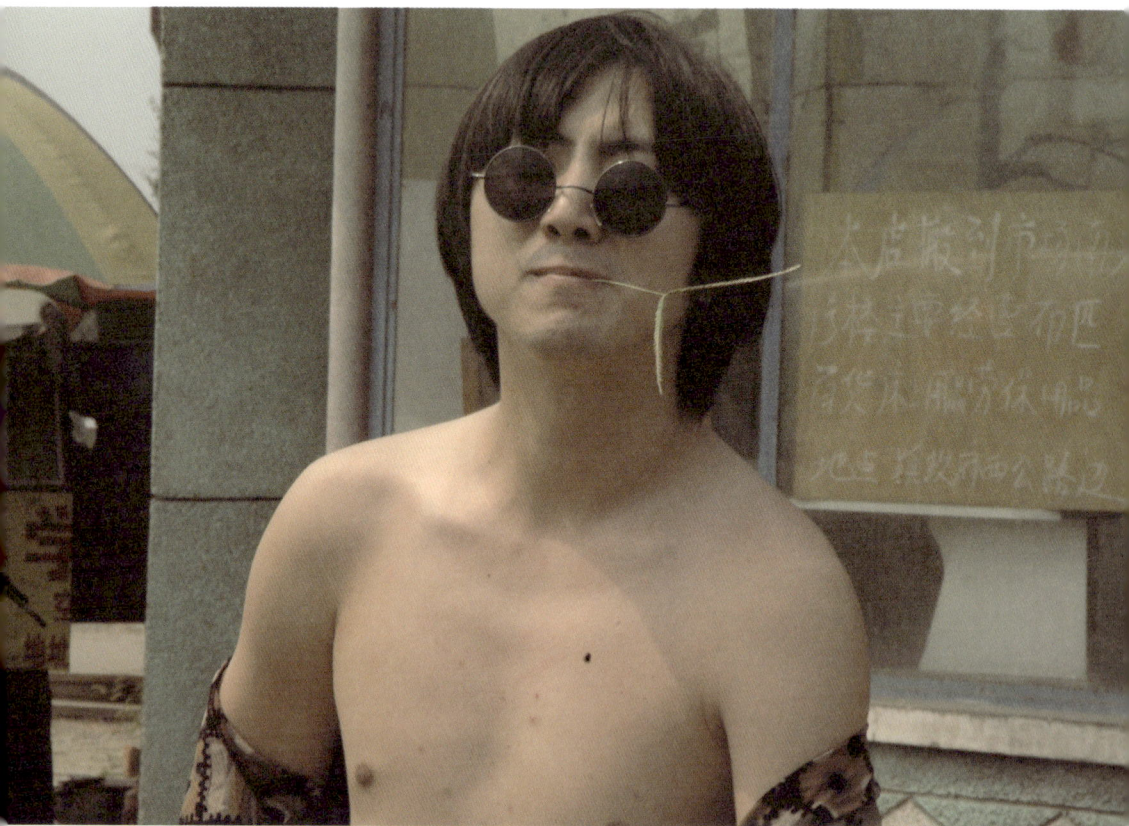

2007年在通州潞县镇拍摄《野人也有爱》

　　一般的高中是三年学制，而我们学校是四年学制，比别人多一年，但文化课又不多，所以这四年基本就是在玩。大家组乐队、踢球、看杂志画册、谈恋爱，整个气氛比较轻松。也许就是这个原因，这所学校的学生毕业后干什么的都有。本来都是学画画的，后来有人去新丝路当模特，还有人到美国去当兵，千奇百怪。学校里有一个老师叫瓦尔，整天戴一副墨镜，穿一身像盖世太保一样的皮衣，骑着赛车在学校里转。他是灰狼乐队主唱艾斯卡尔的哥哥，当时灰狼乐队拍 MV 都来我们学校取景。在这所学校，不论是老师还是学生，每天的主要活动就是各种玩，又弹琴，又唱歌。那时学校里别的班的同学有人卖打口磁带，我们就去串班买磁带听，可能这也对我们后来玩乐队产生了重要影响。

　　我和彭磊是 1992 年入学美校的，但在考美校之前的绘画补习班上，我就认识了彭磊。我俩当时都在这个班上，彭磊给我的最初印象特别闹，感觉他有多动症一样。他一天到晚老是拆东西，我们补习班每个人都有张抽屉带锁的课桌，他经常把别人的课桌撬开，看看里面装了什么东西。他总是特别噪，但同时性格又不是特别外向，挺闷的。当时我觉得这哥们儿挺好玩的，就这样慢慢认识了，大概也算是物以类聚，人以群分。哪个孩子比较爱折腾，我就愿意和哪个在一起玩。

　　我本来挺想学彭磊那个专业的，因为他们专业有机会画人体，但最后我还是学了一个女生多的专业。本来我感觉这所学校不是什么特别好的学校，但是没想到很多名人的后代是我们的校友，我到现在都还觉得这个现象挺奇怪的。我之所以上工艺美校，是因为学习不好，考不上好高中。在 20 世纪 90 年代，上美校是学习不好的学生的一条出路。家长觉得其他专业的职业高中都是小流氓上的，起码美校还是学艺术的，所以就选择了这里。

我家在四道口有一间房子，我和彭磊以及他的发小儿岳程经常聚在那里混。对外说是乐队排练，其实我们连设备都没有，能排什么呢？那时候，只有彭磊有一把箱琴，后来他在琴上安装了一块电片，然后接电线，把录音机的喇叭拉破了，这样箱琴也能模仿出电吉他的失真效果。后来我们才买了乐器，那都已经快毕业了。当时我们听了很多国外的摇滚乐，想买一些乐队的周边产品，但是国内根本买不着。好在我们是学画画的，很快就有了办法。我们买一件 T 恤或者牛仔服，自己拿水粉在上面画乐队的标志和名字：自制乐队周边产品。

有一年春节的时候，都大年三十了，我们三个人晚上也不回家，还在屋里排练，其实就是在屋里放音乐，三个人都特别噪。彭磊一激动，动作大了点，膝盖磕到岳程的头了，那哥们儿一下子失聪了，突然什么都听不见了。我赶快骑着自行车送

2008年在北京自然博物馆

岳程去二炮总医院看急诊，幸好他只是暂时性失聪，大概一个小时以后，他逐渐恢复了听力。

1994 年的时候，比约克来北京演出，我和彭磊以及他们班的几个孩子一起去看她的演唱会。但是我们没票，人家不让我们进，把我们堵在门口。演出进行到一半的时候，检票的人说："反正演出也快完了，你们进去吧！"我们进去一看，很多观众应该都拿的是赠票，因为全是拖家带口的，甚至带着老人来看演出的，一看他们就不是比约克的歌迷。我们当时听得特别兴奋，想来 POGO，但是我们旁边坐了很多像大学生的人。我们刚开始折腾，他们就站起来指着我们，让我们注意素质。那场演出给我的印象挺深，我们完全被震撼了，这应该算是我们第一次看到国外的电子乐表演。

北京的北太平庄冶金学院里面有一个食堂，当时那里一到晚上就改成迪厅，名字叫苏珊娜。大家把食堂的椅子放到桌子上，然后推到屋子四周，腾出来的地方就成了一个舞池。去那里玩的人都是当年的老炮儿，比如超载乐队、有待等。那时候也没有舞曲的概念，所以他们放的音乐大多是重金属音乐。

1994 年的时候，Nirvana 乐队的主唱 Kurt Cobain 自杀了，我听说这件事以后特别伤心，跑到苏珊娜迪厅，把人家的音箱给砸了。当时保安就把我从屋里拽了出来，本来这顿打是

2009年，新裤子与雷朋眼镜合作"重温经典"系列演唱会

挨定了，但彭磊的一个同学把人家拦住了。现在回想起来，我觉得当时的自己特别逗，为什么要为他伤心呢？人家是跟我隔着十万八千里的美国人啊！不过可想而知，十八九岁的我有多喜欢他。

那会儿北京没有真正的 Live House，只有像苏珊娜这样的迪厅。真正比较像样的 Live House 应该算是双安商场那边的大西俱乐部，那里既有爵士乐演出，也有摇滚演出。我印象比较深的是 1997 年，不知道他们从哪儿弄了一张《猜火车》的 DVD，就在大西放这部电影。那里也算是当年北京文艺青年的聚集地了。后来我们乐队也在大西演出过，一起演出的还有地下婴儿乐队、麦田守望者乐队。那时候我觉得他们的技术特别好，表现力也特别好。当时我们乐队在舞台表现方面还比较弱，没有他们那么能噪。

我和彭磊萌生玩乐队的想法时，岳程把尚笑和刘葆介绍给我们认识，乐队也就算是成形了。当时我们几个人什么条件都不具备，整天聚在一起就是听音乐和瞎混。刘葆、尚笑和彭磊他们三个人小时候住得特别近，所以那会儿我们经常约在一个人家里玩。一般去刘葆家混的时候比较多，刘葆他爸当时还在家里养着鸽子。经常去刘葆家，是因为他家比较大。另外一个原因是，我们有了电吉他和架子鼓以后，在尚笑家排练老是扰民，惹纠纷。我们一打鼓，就会特别闹，排练时老有人来敲门，我们也不开，敲多响我们都不开，最后人家把警察叫来了。

那个时候每个人的角色也没有固定，有时候刘葆当主唱、弹吉他，换成我弹贝斯，有时候彭磊弹贝斯。这是一个大家都在找感觉的过程，看自己到底适合什么角色。其实那时候也没有写出什么歌，就是一直在瞎玩。那会儿我们都买不起好琴，只能买特别破的琴。刘葆买的琴是国产的，叫美声，彭磊的琴叫 Star，都是天津生产的。这些琴也算是我们第一件正式的乐器。

有一次，我们在彭磊家看了一盘 MTV 翻录的录像带，里面有一段 The Beatles 乐队的 Ringo 打鼓的画面。尚笑以为 Ringo 的右手在打镲，其实他看错了。后来他打鼓的时候，Hi-Hat 镲的位置跟别人放的不一样，别人放在左手边，他却要放在右手边，每次都弄得调音师特别费劲，而且一直如此，改不过来了。尚笑那会儿找了一个女朋友，比我们的年纪都大好多。他当时非要跟人家好，还在身上文了一个女孩的像。过了好多年，他后悔了，但文身涂不下去，他就在那个图案的基础上文了个枪花乐队吉他手 Slash 的形象，因为 Slash 留着长发，戴一顶帽子。

那会儿我们已经开始听雷蒙斯乐队的歌了，连头发的造型

新裤子

1995年，岳程和彭磊准备报考中央美院

1995年冬天，尚笑、彭磊、刘葆在北京鼓楼

2014年在太原

也都学他们。那会儿刘葆的头发还挺长，但是一年之内就全秃了，秃得特别快。尚笑也是一样，原来头发特别多，后来也突然掉光了。彭磊和尚笑说话都有一点大舌头，后来公司在我们第一张专辑的文案里面老写我们是大舌头乐队，唱歌唱不清楚，感觉嘴里像含了一个枣核似的。

彭磊的发小儿岳程在鼓楼那里租了一间小平房，高中快毕业的时候，他们准备考大学，就在这间小平房里练画画。岳程画的素描挺不错，我们那时从胡同里找捡破烂的老人，跟人家说："给你一点钱，你来给我们做模特。"老人一般也愿意。平时彭磊也约上我、尚笑和刘葆在那里混，偶尔也在那里排练。我们在那里混的时候，天天吃烙饼夹臭豆腐。那时候彭磊的头发留得特别长，脏得跟墩布似的，都打绺了。其实在那里也没什么可玩的，就是瞎混。我记得有一天，我们一大帮人聚在一起，把旁边一家幼儿园的牌子摘了下来，抱在手里拍照。那会儿我们就是一群让人讨厌的北京孩子。

摩登天空

　　大概是 1996 年的一天，我们学校那支雪百合乐队的贝斯手告诉我们，一个比我们大的同学开了一家公司，那个人曾经搞了一张专辑，叫《摇滚 94》，说他想跟我们聊聊。当时我还不知道这个人就是摩登天空的沈黎晖，我就带着彭磊一起来到他们在花园桥的办公室。那是我第一次见沈黎晖。他看过我们在对外经贸大学和北京服装学院的演出，后来我们就和沈黎晖签约开始录唱片了。当时乐队走的是朋克风格，加不进键盘，所以我只是作为乐手参与了乐队的演出和录音。我虽然没和乐队一起签约摩登，但从之前的设计工作室出来，到摩登天空上班做唱片设计了。这一做，就是 4 年。

《摇滚94》

本来沈黎晖要做《摇滚97》，摩登天空成立以后，就把这张合辑的名字改成了《摩登天空1》。我做的第一个唱片设计就是这张合辑的封面，后来又为刚发专辑的清醒乐队和我们自己的新专辑做了唱片设计。其实做设计和组乐队相比，还是有一定的优势，毕竟我在上班，有稳定的收入，而组乐队完全是凭兴趣，生活没有保障。

以前的摩登天空就在花园桥附近一个小区的居民楼里，他们把楼下面的一排小房子都租了下来。从一层进去以后是一间地下室，地下室没有窗户，还有一个特别脏的厕所。我们在里面加班做设计，根本就分不清白天黑夜。他们那台电脑特别慢，我当时做一个唱片的设计，渲染一张小海报要等两个小时，所以只要机器在渲染，我就坐下来看一部电影，看完电影，渲染才能结束。那时候，沈黎晖从国外订购了好多最新的唱片设计杂志，我们做设计的时候，就拿一本放在腿上参考，所以好多设计都是从国外借鉴来的。这对唱片业起步阶段的中国来说，也是必经之路。

摩登天空的排练室和录音室都是地下室，虽然做了比较好的隔音处理，但乐队在排练的时候，依然会有居民投诉。因为打鼓的时候，低频的声音会穿透楼板传到一楼和二楼去，那种声音的穿透力特别强，所以会惹来麻烦。我们第一张专辑里的所有歌都是在那个地方完成录音的。那个年代，我们都是用八轨录音机录音，也没有音质修复技术，录成什么样就算什么样。一直到我们录《龙虎人丹》这张专辑的时候，录音设备才稍有改善。可惜的是，后来我们那些早期的资料都丢失了。

当时的摩登天空只有三支乐队，清醒乐队、超级市场乐队和我们，大家都在这里排练，所以排练室的鼓上还有一个清醒乐队的Logo。他们学英国的The Beatles，在鼓上贴乐队的

2011年在北京百子湾第三次和摩登天空签约

新裤子

2012年在北京百子湾

Logo，后来他们还用这鼓拍过 MV。乐队签约摩登天空以后，起码有了排练的地方，后来出了专辑，每个人的装备也都变好了，因为有点钱了，可以买好一点的乐器。虽然那些也都是天津的国产乐器，但那时我们有一支真正的乐队的感觉了，不再是过去几个小孩瞎玩的样子。

我当时没觉得乐队出了专辑就火了，也没有把玩乐队当成一个发家致富的途径，还觉得是在玩，整天傻高兴，内心比较单纯。我在摩登的时候，沈黎晖就像现在一样，什么都想做，杂志、电影、唱片都做。所以，我除了做唱片的设计之外，还要做《摩登天空》杂志的平面设计，所以那几年积累了很多设计方面的经验。

以前的《摩登天空》杂志很有意思，主要是介绍摇滚乐，但摇滚乐的圈子很小，就这么几个人，杂志里就反反复复分析这几个人的事。每一本里写人物的内容都差不多，反而让我们看起来觉得特别有意思。通过杂志，我们能知道这个小圈子里的每个人都在忙些什么。看杂志就是自娱自乐，其实就像现在的朋友圈似的，当初做杂志就像做给自己人看一样。

我作为杂志的平面设计师，主要忙于应付杂志的设计。后来摩登天空也接了些流行歌手的包装业务，平面设计工作也都由我来做。后来我一想，这业务我自己也能接啊！于是我在

2006年在北京花园桥摩登天空地下室录音

2001 年从摩登出来，自己做了一个设计工作室，接一些音乐圈里平面设计的业务。

《摩登天空》杂志后来停刊了，摩登天空的办公室也转移了好几次阵地，那个地下排练室最终因为扰民而搬家，从花园桥搬到了紫竹桥。到了 2007 年，摩登天空没有自己的排练室了，我们排练都是打一枪换一个地方，去过好多排练室。那时候，我感觉排练时有一点吃力，因为之前玩的朋克那些风格相对比较简单，玩电子音乐，就需要一些技巧，包括演奏技巧和演唱技巧。但是我们有时候唱都唱不准，弹也弹不出来，排练时甚至会吵起来。

摩登天空后来从北京的西边搬到了东边的百子湾，但排练室和录音室一直没有太合适的地方。直到摩登天空成立 20 周年的时候，他们新建的超大录音排练室终于落成了。这次他们好像花了 1000 多万元，录音室的面积特别大，甚至可以录交响乐。我觉得沈黎晖也是拼了，可能他觉得自己一个做音乐的人，干了 20 年，连一个正经的录音室和排练室都没有，实在说不过去。

我们都爱合成器

开始玩音乐的时候，我特别想当乐队的主唱，因为乐队的主唱可以站在舞台中心，比较风光。但是，因为我家里正好有电子琴，彭磊他们都没有乐器，所以我就自然而然地成了键盘手。其实我当时并不会弹电子琴，我不像臧鸿飞他们，他们出自音乐世家，从小在家里学这个。他们练的是童子功，而我是半路出家。

我爸会很多乐器，小提琴、萨克斯他都会，尤其喜欢电子琴，所以他想让我学。但是我并不喜欢弹琴，后来连我妈都学会弹了，我都没学会。开始玩音乐以后，我发现电子琴有很多预设的音效，比如各种风格的鼓点，所以我觉得可以用它来编歌，把它当作音序器或电脑来用。电子琴在这方面要比吉他有优势，吉他只能用来弹，声音上不够立体。而电子琴不仅能弹主旋律，还可以加入鼓和贝斯的效果，写歌时可以让你更快地找到自己想要的感觉。

最早的时候，电子琴对我来说就是一个编曲的工具。我画画还可以，但是弹琴不灵。我不会用两只手弹键盘，只能用两根手指弹，俗称"二指禅"。后来我弹键盘都是用自己摸索出来的弹法。很多黑人弹键盘也是用自创的指法，其实指法无所谓，关键还是要看自己有没有情感。

2015年在北京五棵松

到了 20 世纪 90 年代中后期，国内有了电子音乐，我就慢慢开始喜欢合成器了，因为合成器不需要指法技术也能弄出声音。我从美校毕业后，去了一家设计工作室上班。这家工作室的人也是我们的老校友，跟丁武是一代人，曾经组过一支乐队，名字叫"妈妈是一个朋克"。乐队成员都是 20 世纪 80 年代从美校毕业后考到美院的人，还曾参与了崔健演的《北京杂种》这部电影的拍摄。

我在这家工作室干了有半年多的时间，那时候他们老组织踢球，我也跟着一起去。踢球的时候，我认识了一个哥们儿，这个人是红烧肉乐队的吉他手，也就是后来灯笼俱乐部的 DJ 翁

庞宽买的第一台合成器雅马哈 CS1x，在新裤子乐队的第一张专辑中使用

录制《龙虎人丹》使用的KORG MS-10合成器

新裤子

嗡。他们那时候受到德国传来的电子音乐的影响，觉得 DJ 以后可能会取代摇滚乐手的地位，所以他们就不弹琴了，开始关注电子设备。他给我推荐了一款雅马哈的合成器，算是挺便宜的。当时市场上高级的合成器要好几万块钱一台，而我当时每个月的工资还不到 1000 块钱，根本买不起。翁嗡推荐的合成器才几千块钱，于是在 1996 年的时候，我用自己的工资加上向家里借的钱，买了人生中的第一台合成器。

拥有一台合成器的感觉，就像闹革命的人终于有了武器一样，特别高兴。因为没有乐器的时候，想加入乐队跟着别人一起玩，人家会觉得你是捣乱。开始玩音乐时，我脑子里面其实也挺混乱的，不知道自己的方向在哪里。当时我不断地听各种自己喜欢的音乐，包括雷蒙斯乐队和底特律的 The Cars 乐队的歌。The Cars 乐队的歌有好多音色都特别复古和时髦，但是没有琴的时候，想去模仿他们的音色完全不可能。

后来彭磊也喜欢上了合成器。2005 年的时候，我们在无名高地演出，那时候合成器音乐占的比重已经特别大了。我们三个人每人一台合成器，没有鼓手。当时我们已经开始尝试在音乐中融入电子元素，我不知道那会儿年轻人能不能接受这个，我们可能还是走得比较超前。

而且在那个阶段，我和彭磊已经开始收集各种合成器，作

2005年在北京无名高地

为收藏品了。我们在日本的雅虎网站上买合成器，然后我们的日本朋友岩田高治再帮我们把合成器从日本带回来，那些合成器都是老式合成器，特别重。那时候，彭磊家里堆满了合成器，连床底下塞的都是，其中有一台好像还是坂本龙一曾经用过的。我们当时觉得拿电脑软件编一首曲子没有什么意思，玩硬件才是有能力的一种表现，才是最酷的。

我们收集的都是电子管模拟合成器，而不是数码产品。这些合成器的声音都非常好，但是这种老合成器没法存数据，过

2015年在北京星空间

去玩它的人要准备一台拍立得相机，拧好合成器的旋钮以后，要拿拍立得拍一张照片，下次演出的时候就按照那张照片来拧那些旋钮，不然就忘了。

我们去国外的时候，演出以外，经常逛的就是博物馆、唱片店和乐器店。布鲁克林有一家老乐器店，里面有很多经典的老合成器，我经常去看。以前我买合成器的冲动比较强烈，后来主要是去看，看一看就过瘾了。彭磊那一堆合成器，大部分也被他卖掉了，因为这些东西又重又占地方，弄得家里确实很不方便。最后他只留了几台合成器，其中有一个比较经典的是 KORG 的 MS-20 和 MS-10，英国的 Brian Eno 来北京时，我们找他在合成器上签了一个名，还比较有纪念意义。

北京玩合成器的人不多，张亚东算一个，他家里也放了一大堆合成器。现在大家更不玩这种合成器了，改玩那种比较小的模块化合成器。电子合成器音乐在国外已经是新的潮流音乐，但在国内一直没有真正火起来。

给朋克来点电

我们在摩登出版了专辑以后，正大作为专辑的发行公司，给我们安排了好多配合新专辑宣传的演出，但是那些演出场所都很奇怪。我们被安排去唐山演出的地方，是一家名字叫作"黑旋风"的迪厅，去那里玩的都是老哥。我们在那个场子里还碰到了也来演出的黄绮珊。

在鞍山的时候，我们被安排在一个工人俱乐部里演出，那天舞台上的第一个表演者是一个把头发染成黄色，号称"金毛狮王"的男人，他拿着一只大玻璃杯子，里面装的是看起来像啤酒的绿茶。他先唱了一首歌，唱完以后，把杯子里的绿茶一口闷掉。喝完以后，台下观众来敬酒，这时他就喝白酒了，喝完又继续唱了一首歌才下台。第二个节目是非常艳俗的泳装迪斯科，第三个节目就是我们的节目了。我们没敢直接唱摇滚，而是准备了五首比较俗的歌，但是刚唱完两首，底下的观众就开始往台上扔酒瓶子，最后我们没唱完就走了。

　　在洛阳的演出是在晚上进行，演完之后的第二天要做唱片签售。当时正是冬天，气温在零度以下，我们就坐在室外，冻得直流鼻涕，也没什么人来。我们在洛阳还遇到了两个热情的

2008年在新加坡

新裤子

1999年在北京17酒吧

女歌迷，演出结束后来找我们玩，当时我们挺吃惊的。后来我们和她俩买了一点啤酒和零食，在酒店里打了一宿牌，并没有发生什么。

其实中国玩乐队的人相对来说还是挺腼腆的，美国老一代玩摇滚的人好多都特别开放。但是很多欧洲和美国的新一代摇滚乐队完全是禁欲的，而且吃素，跟老的摇滚乐队完全不一样。

1999 年左右，沈黎晖觉得摩登天空应该有自己的 Live House，他就在当时还没拆迁的三里屯南街租了一间民房，之前这里应该是一家倒闭的酒吧。沈黎晖把它租了下来，改名为"17 酒吧"，作为摩登天空自己的 Live House。当时摩登的乐队都在这儿演出，不过更多的时候是自娱自乐，经常是乐队给乐队演，台下都是同行朋友。来的客人里面很多也不是歌迷，只是到这儿消费喝酒的人。

17 酒吧不营业的时候，也作为乐队的排练室。有一次排练时，我把合成器放在架子上之后，就干别的事去了，他们继续排，结果音响把我的合成器从架子上震下来摔裂了。17 酒吧没多长时间就干不下去了，后来三里屯南街也拆了，这些地方都没了。

那些年，北京没有什么像样的 Live House，乐队依然要面对各种各样的演出环境。1999 年，我们在北京忙蜂酒吧演出，这是我们应邀去香港演出之前在北京做的一场演出。参加演出的有清醒乐队，有我们，还有木马乐队。因为马上要第一次踏上香港的土地了，所以为了代表北京的朋克乐队，我们决定换一个形象，让自己更朋克一点。于是我们几个人把头发染了，做的造型有点像后来社会上出现的"杀马特"。染发之前，我们总觉得无聊军队的形象特别朋克，但我们乐队一直没有那种感觉，所以想换个造型试试，后来发现这其实根本不适合我们。

到了 2002 年，我们准备开始录第三张专辑《我们是自动的》，当时我们内心还挺激动，因为又开始录新专辑了。前一张专辑《Disco Girl》的制作人是一个玩摇滚的老炮儿，名字叫骅梓，但那张专辑我们不是特别满意。所以制作第三张专辑的时候，我们就没有再找制作人，完全由自己制作。本想着这应该是一个新的开始，但没有想到结果那么糟糕。专辑录制完以后，突如其来的"非典"疫情打乱了所有节奏，也几乎摧垮了摩登天空。当时我们专辑的后期制作以及歌词和制作人名单校对都没人管了，更别谈什么宣传了，一切都陷入了停滞，演出也停了。

"非典"过去以后，乐队又恢复了演出。由于鼓手尚笑去了日本，所以后来的演出我们就邀请了便利商店乐队的德恒加盟。这个时候，我在演出时已经开始使用音序器，《龙虎人丹》

那张专辑的雏形已经形成，我们开始尝试把电子的元素融入演出。但是演出的环境太糟糕了，这些地方其实都称不上Live House，设备、环境都挺差。

我们在无名高地演出了很多场，老歌混着新歌一块儿演，有雷蒙斯乐队的那种朋克风格，也有电子音乐，乐队在这个时期进入了一个转型的阶段。在无名高地，我们还跟台湾的五月天乐队同台演出过。他们当时来北京没有通知任何媒体，就是想体验一下北京的摇滚文化，所以在无名高地加演了一场。但是五月天上台演的时候，底下全给他们起哄，叫倒好，因为观众觉得五月天一点也不摇滚，只是一支流行音乐乐队。

2014年9月20日在太原

巡演路上

2005 年的迷笛音乐节已经初具规模，当时的举办地在北京的海淀公园。在那之后，沈黎晖也开始做音乐节了，先举办了摩登天空音乐节，后来又创立了草莓音乐节。沈黎晖和张帆每次见面都会握手，其实心里面互相较劲，因为在举办音乐节这件事上，他们之间是竞争关系。

摩登天空音乐节后来也在海淀公园办。摩登天空和海淀公园当时签了 10 年合同，但后来还是被人轰走了。之后跑到朝阳公园办了一届，又被人轰走了。然后又跑到通州，也是签了好几年合同，后来北京副中心要迁到通州，音乐节也不能在通州办了。所以直到现在，沈黎晖都特别头疼，他非常想办一个类似 Coachella 音乐节那样的盛会，每年在一个固定的场所举办，但一直找不到地方。

　　沈黎晖做了摩登天空音乐节以后，我们看到摩登天空开始缓过劲来，所以在 2005 年，我们第二次和摩登天空签约。沈黎晖特别喜欢我们乐队，对我们也很重视，不管怎么讲，他对我们还是很投入的。如果我们那会儿不签摩登天空，而是转投华纳、索尼等其他大型音乐公司，我觉得他们不会像摩登一样重视我们。乐队对大音乐公司来说，只是补充他们的产业链，他们经常把乐队签过来作为一个补充，签完以后根本不做。所以现在来看，我们当时还是比较明智的。

卡西欧CT310电子琴，庞宽在《Bye Bye Disco 》的MV中使用

2008年在北京海淀公园

在这个阶段，我们唱的逐渐都是新歌了，像《Bye Bye Disco》这样的歌已经和朋克没有任何关系了。我们完全变成了一支电子乐队，在台上使用的都是合成器，彭磊在演出时穿的背心都换了——之前背心上印的是雷蒙斯乐队，后来是德国的发电站乐队。但是刘葆对电子乐的兴趣不大，在后来的演出里，音乐一响，他就开始往后躲，最后躲到了舞台的烟雾里。所以那几年演出照片里经常没有刘葆，其实他都在现场，只是他不喜欢我们这些音乐了。

乐队从成立以来一直没做过正规的巡演，所以为了图个新鲜，2006 年，我们组织了第一次全国巡演。这次巡演其实挺平淡的，不过彭磊借着巡演的机会拍了电影。他先找了一个女孩做这部电影的女主角，然后在巡演的路上一直带着这个女孩，每到一站演出结束后，就在现场临时寻找和女主角搭戏的另一个女孩，让她和女主角演一段，最终 20 站下来，把这部电影拍完了。这样的方式还挺有意思。

那次我们巡演的行程是从北到南，然后再绕回来。一路上，上海、江苏、广州的演出场地还可以，其他地方都不行。在广西的时候，我们在一个特别大的防空洞里面演出，看起来场地很大，但舞台非常小，回音还特别严重。重庆的演出场地更小，就是一条小过道。在郑州演出时，我们唱到《我们的时代》那首歌的最后一个音的时候，恰巧停电了，就跟我们设计好了似的，其实那就是普通的停电而已。那时的 Live House 并没有比较完善的演出设备和环境标准，什么样的场地都有。我觉得在这种地方演出，对乐队水平的提高其实并没有什么帮助，我们后来在海外演出，学习和体会到的东西就特别多。

2006 年，我们开始录《龙虎人丹》那张专辑，这时候摩登天空的录音设备有了些改进，开始有电脑可以修你弹得不准的地方。我们在家编好 MIDI，导出 WAVE 文件，然后拿去做缩混。

那张专辑出版以后，我们又开始演出，唱的都是新歌。当时我们在北京的 MAO 演出，来的人特别多，好多人就靠在墙上。当时墙面刷的是黑漆，后来现场越来越热，竟然把墙上的漆给热化了，所以好多人看完演出，背后都印着一片黑漆。还有一次我在 MAO 看演出，好多老外拿滋水枪玩，后来那里也热得不行，我又出不去，实在没办法，我就跟旁边的老外说："你用滋水枪给我喝一点水！"没法想象，一个音乐现场竟然能热到那个份儿上。

除了巡演和 Live House 的演出，我们也参加过一些大型的拼盘演出或商业演出，2007 年就有这么几场演出让我印象挺深。一场是在青岛，参加演出的有周杰伦，有清醒乐队，也有我们，乱七八糟的一堆音乐人凑在一块儿，跟《同一首歌》似的。那

2008年在火车上

天的演出舞台是玻璃板做的，特别大，形状很像时装秀的 T 台。舞台离观众特别远，观众拿着荧光棒，但估计连舞台上是谁都看不清。我觉得这种舞台设置特别傻，想烘托一下气氛，就跑到 T 台最前面去了。但是演出前下了雨，T 台特别滑，我刚跑到前面就摔了一个大跟头，耍酷没耍好，还摔得我挺疼。其实底下的人根本就不管你噪不噪，人家就是想看周杰伦。

另一场是我们在上海的一个水上乐园的演出，观众都在水里看。很多人也不是我们的乐迷，所以气氛一点也不好。我觉得特别无聊，就在旁边卖女式泳装的摊位上买了一件女式泳装，穿上之后在那儿演。

那年在杭州一场演出的后台，彭磊拿了一个衣服架子折腾，一个没留神，把刘葆的眉毛上面钩开了一个口子。本来以为没多大事，用手按一按就好，结果手一离开，眉毛上面就血流不止。没办法，我们只好带着刘葆去医院缝针，后来演出的时候，刘葆的额头上就贴了一块胶布。那时候刘葆已经彻底不喜欢我们的音乐了，整天都愁眉苦脸的。他那会儿已经开始跟蜜三刀乐队玩了，所以他的装扮已经开始有 Skinhead 风格了。

2008 年，刘葆正式离开了乐队。我觉得一支乐队中，写歌创作的那个人是乐队的灵魂或大脑，颜值高的主唱或者其他成员是乐队的脸蛋，贝斯手和鼓手都是乐队的四肢。大脑确实重

2007年在北京MAO Live House

新裤子

2007年在杭州

要，但实际上缺了谁都有点别扭。

乐队的第二次巡演简直是硬着头皮演的。在巡演之初，还制定了新裤子乐队巡演的规章制度，要求大家在巡演过程中不能拈花惹草，不能单独与女歌迷吃饭、去酒店等，以便约束新成员躁动的心。但是，这次巡演人员不整，状态也不太好。我和彭磊在中途都发烧了，当时就想以后再也不巡演了。

你好，Coachella

2011 年，我们参加 *VICE* 杂志主办的创想计划，第一次来到了美国。我们先到纽约，然后去了旧金山和洛杉矶，途中也套拍了一支 MV。

彭磊一直喜欢机器人，以前做过一个道具，用在他的话剧里面。后来他又做了一个机器人，用 PVC 板子做身子和脑袋，眼睛就是汽车上拆下来的灯。机器人身上有好多旋钮，其实就是老式洗衣机上的那种旋钮。机器人肚子上还嵌进去一块小的电视屏幕，当然，屏幕不能亮，只是一个装饰。机器人的胳膊是抽油烟机的管子制成的，身子里头还有两根 Skinhead 风格的背带，背带提着机器人的腿。那次去美国，彭磊带着这个机器人的头盔一起去了。

  在纽约时，我们住的是非常有名的Hotel Chelsea（切尔西旅馆），欧·亨利、库布里克、简·方达、乌玛·瑟曼等很多艺术家和演员都曾在这里住过。他们很多人当年付不起房费，就拿自己的作品抵账，所以现在这家酒店挂了很多艺术家的绘画作品。当年的这些穷艺术家的作品现在都特别值钱了，我们进这家酒店一看，跟美术馆似的。根据性手枪乐队贝斯手的故事改编的电影《席德与南茜》，就是在这里拍摄的。还有Bob Dylan，在这家酒店里面也有很多故事。

  我们在酒店的房间里面拍了一支MV，这里随便一间房间都可能是以前某位名人或艺术家住过的。我们入住的时候，酒店里也住着好多艺术家，我们隔壁就住着一个画家，他自己的自行车每天都要摆在门口。墙上挂了好多画，都是穷艺术家抵给酒店的。

  这家酒店最有名的地方是他们的天台，好多电影都在那里取过景。我们住在那里的时候，也想在那里拍一支MV，这个地方太有名了。结果我们刚上去还不到一分钟，就来了一个安保人员，要求我们下去。因为过去总有人在天台拍片子，所以现在酒店就不让拍了。他们在上面装了个摄像头，只要上面有人，保安马上就来阻止。我们特别幸运，在我们离开这家酒店之后

新裤子

2010年在北京土城公园

2011年在美国曼哈顿

没几个月，它就关门了。

我们在洛杉矶参加了 Coachella 音乐节，主办方准备了好多房车，每辆房车就是一支乐队的休息室。我们新裤子也有一辆房车，当时我们还拍了一张照片留作纪念。那个音乐节的场地特别大，从一个舞台到另外一个舞台可能有两三公里远，所以音乐节上会有免费的电瓶车，可以带着大家从这个舞台到那个舞台。他们的厕所是我去过唯一的没有臭味的厕所，他们会把环保的药剂扔在马桶里头。

我们是在小舞台上表演的第一支乐队，演出时间是下午 1 点。其实那天我们演得并不好。彭磊戴着他那个机器人的头盔上台，根本听不见外面的声音，所以唱的时候很多地方没有跟上节奏，演得有点糟糕，彭磊和我都不太高兴。但是据说我们演完以后，美国的媒体评选当年 Coachella 音乐节的 TOP10，我们排在第八名，是前十名的乐队之一，同时我们也的确是第一支去 Coachella 音乐节演出的中国乐队。那次我们看了很多特别大牌的乐队的演出，给我们的震撼特别大。回国以后，我们感觉就我们这几块料，还是别玩了，解散算了。

我发现在 Coachella 音乐节，欧洲的乐队大多特别惨，山羊皮乐队的演出就没有什么人看，而且还是在小舞台上演。除了 Radiohead、U2 这种超级乐队，其他我们认为还不错的乐队，

2011年在美国曼哈顿

新裤子

2010年在澳大利亚布里斯班

在美国都不太受欢迎。

在那个音乐节上，大家对老的、过气的乐队都不认，甭管那支乐队当年有多耀眼。他们甚至可能上过摇滚名人堂，但只要过气了，年轻人根本不理他们。已经去世的 The Fall 乐队的主唱马克·E. 史密斯当时也在 Coachella 音乐节演出，但台下的观众寥寥无几。The Fall 是英国非常资深的后朋克乐队，在西方具有划时代的影响，也是重塑雕像的权利乐队崇拜的偶像。但年轻人根本不关心这支乐队，他们只看最新、最时髦的东西。

在 Coachella 音乐节，明显能够感觉到摇滚乐已经在走下坡路了，凡是乐队的演出，都要有电子元素在里面，或者干脆就是纯电子乐。这和那时候国内的情况相比，完全是两个世界。国外开始流行特别时髦的新音乐，已经揭开一个新的历史篇章的时候，国内还没有进步。所以参加完国外的音乐节，回来以后，我们就觉得在中国太好混了。

我们在海外演出，感受最深的就是国外的音乐产业相当成熟，无论是唱片销售、版权保护，还是 Live House 和音乐节演出的组织。像 Coachella 音乐节，他们办了很多年，规模也相当大，光是在舞台之间摆渡的电瓶车就有好几百辆，志愿者也有 3000 多人。他们的调音师非常专业，乐手只需要专注于演出就行了。他们的舞台设置也让我们很震惊，每支参加演出的乐队的乐器设备都摆在各自的方形舞台上，这个舞台是带轮子的，前一支乐队演出完，工作人员立刻把他们的舞台推回后台，接着把将要上场的乐队的设备连同他们的舞台推上来，就跟流水线一样。第一次看到这种换场方式，我们都傻眼了。

在这些方面，美国、英国、澳大利亚都做得很好，我估计法国、德国也应该大同小异，因为在西方世界，参加音乐节就是人们的主流生活方式之一，相关产业也都十分发达，这和国内的情况是完全不同的。我们在北京展览馆演出，到了晚上10点就必须停止演出，负责电闸的师傅一手扶着电闸，一手举着看表，到点必须拉闸。同样是在这里演出，相声专场可以一直演到凌晨1点，但摇滚乐不行，这背后的文化背景差异实在太大。

在澳大利亚，我们和Regurgitator乐队一起演出的时候，我发现他们演出时会带两个调音师，一个调台上的监听，一个调台下的功放。在他们调整监听音效的时候，我会过去看，学习怎么调整才能达到最优的音质平衡。调音师还要帮乐队调弦、换弦，在台上出现一些特殊状况的时候，他们也会主动地帮乐手调整。这些是最基本的配置。不过在中国，这是绝对做不到的事情，因为乐队养不起调音师。

在舞台之外，国外乐队的经纪人对整个演出活动的流程安排，以及电台等媒体对音乐的宣传，也已经形成了一套完整的

2009年在伦敦

模式。在国外演出的各种经历对我们来说都是学习的机会，相比之下，在国内巡演只是玩，学不到什么东西。在台上演出时，别说监听了，能听到功放的声音就不错了。

国内的观众和国外的观众也不太一样。国内的歌迷在乐队现场表演时，可能不太关注歌曲本身，而是看现场表演是不是够热闹、够出格。乐队如果在演出的时候太走心，台下的观众就没法跟你互动，他们不知道你要表达什么。后来我们在演出的节奏上做了一些调整，表演时，我一般负责"走肾"，而彭磊负责"走心"。我要在演出的中心环节折腾，要噪，要把歌迷的情绪带动起来。

国外的音乐电台和国内也大不一样。咱们这边一提到电台，就会觉得非常正式，都是类似国家电台那样的。但是国外的音乐电台很随意，几个人就在一间破屋子里对着话筒开聊。虽然简陋，但这个电台在当地甚至全国都是特别有影响力的一个音乐台。喜欢摇滚的年轻人的生活状态、穿着打扮、消费模式是一整套东西，他们过的就是摇滚生活。我以前的一个室友是瑞典人，他18岁来的北京，他妈妈差不多50岁的样子，从小听德国的电子音乐长大，所以这孩子也喜欢电子乐。他们在流行文化层面有这样一种传承，但是中国的文化断层很大，一直没有这样的氛围。

在英国的时候，我感觉那里完全是年轻人的世界，而当我们回到中国，就变成了中老年人的世界。前几年，Brian Eno 来北京演出，他特别喜欢去地坛，看那里的很多老年人跳舞，因为这在英国是见不到的。我在英国印象最深的一次是晚上演出结束后去一家酒吧，里面全都是年轻人，他们习惯每个人拿一瓶酒，大家围一圈聊天。这时后面来了一个老人，估计这个老人年轻时也是经常混酒吧的人，但是现在岁数大了。这个老人特别想挤到这群年轻人当中一起聊，但是这帮年轻人明显不想带他玩，有两个小伙子一顶，就把老人挤出去了。他们那里的年轻人特别排斥老年人，所以老年人也特别孤独。

我们在澳大利亚的阿德莱德时，有一个周六的晚上，一群年轻人在大街上嚷嚷，我们以为闹事了呢，其实就是一群年轻人在开 Party。中国恰恰相反，在大街上、广场上热热闹闹地跳舞的全都是老头、老太太，年轻人反而比较沉闷。现在的 90 后的状态可能有一点像当年西方的年轻人，因为他们身上没有过多的物质方面的压力了。

2015 年，摩登天空音乐节办到了纽约、洛杉矶和西雅图，时隔多年，我们又来到了美国。纽约的摩登天空音乐节是在中央公园办的，我们跟小野洋子以及她和列侬的儿子一块儿演出。演完之后，我还跟小野洋子合了一张影，送了她一件 T 恤，跟

新裤子

2015年在纽约

列侬的儿子也聊了两句。那天来看演出的全是中国人，这和我们2010年以前去海外演出的情况完全不同了。我们感觉从2014年到现在，西方的很多城市都快被中国人占领了，一说有音乐节，一下子就能来好几千中国人。彭磊在纽约演出时，还在那儿费劲地说着蹩脚的英文，结果台下就有中国人喊："别说英文了，说中文就行！"

每个城市都有一堆中国人，纽约是，洛杉矶也是，西雅图中国人更多。可能是因为西雅图那座城市比较肃静，那帮在西雅图的中国孩子都跟我们说："这里太没劲了，什么都没有。你们可来了！"当时我们真是找到了下乡慰问的那种感觉。这和在国内办音乐节已经没什么两样了，我们再也不想去美国了。

最好的演出

　　澳大利亚 Regurgitator 乐队的经纪人叫保罗·柯蒂斯，我们在澳大利亚演出时，和他交流得比较多。这支乐队的大本营在布里斯班，保罗·柯蒂斯的家也在那里，他的夫人是弹钢琴的艺术家。保罗·柯蒂斯比较喜欢中国文化，家里有很多关于中国历史的书籍和画册。

　　Regurgitator 乐队的主唱很喜欢动画，所以他和彭磊聊了好多创作和电脑软件方面的事。除此以外，他们乐队的人对姑娘或者其他娱乐方面的事都没兴趣，特别素。保罗·柯蒂斯之所以愿意找我们乐队来跟他们合作，一个原因可能是我们是一支中国乐队，另一个原因可能是我们乐队其实和 Regurgitator

乐队的成员特别像。我们这两支乐队的音乐都很时髦、很猛，但在日常生活中，两支乐队的人都挺正常、挺健康的。

后来摩登天空公司很想邀请 Regurgitator 乐队来华演出，本来都快成行了，但他们乐队在澳大利亚做了一个电影节的表演嘉宾，而在这个电影节上，有些人做了一些对中国不太友好的举动，导致他们没能来华演出。

在澳大利亚演出那几次，演出以外，我们时常会觉得特别无聊，这时彭磊就要搞一些恶作剧。带我们来的经纪人孟金辉

2009年，新裤子与雷朋眼镜合作"重温经典"系列演唱会

特别害怕蛇，我们就想试试他到底是真的害怕还是装的。彭磊买了很多橡胶做的假蛇，准备找机会试试孟金辉到底怕不怕。孟金辉特喜欢跟外国人聊天，我们就给他起了个外号，叫"买办"。有一次，孟金辉跟外国人聊得正嗨，彭磊把事先准备好的橡胶蛇放在嘴里，走了过去。他走到孟金辉身边，突然把嘴里的蛇吐了出来。当时这哥们儿跟疯了似的，当着外国人的面破口大骂，那帮外国人全傻了。

有一次我们演出之后，一家饭馆的老板邀请我们去他家里住。晚上，老板说要招待我们，我们很高兴。他们家有一块投影屏幕，他把屏幕接到笔记本电脑上，打开谷歌，给我们看各种搞笑视频。那时谷歌上有很多类似快手视频的内容，老板带着我们看了一晚上，一个视频接一个视频地看，一直看到12点多，可把我们烦坏了。他们国家人太少，平时的生活可能也是太无聊了，所以见到朋友就特别亲。

在澳大利亚巡演的时候，我们并不是每天都有演出，演出一般都安排在周末。平时没有演出的时候，我们就在墨尔本休息。墨尔本是我们的一个大本营，到了周末该演出的时候，经纪人就开着车来接我们，演出都在周边城市，就像北京周边的天津、石家庄一样。

第一次去澳大利亚的时候，我们住在一个叫汤姆的朋友家

2007年在澳大利亚墨尔本

2015年在洛杉矶

新裤子

2009年在北京朝阳公园

里。我们平时也没什么事干，无聊的时候，就在汤姆家门口晒太阳。他家离城市中心近，从他家走路到市中心也就 30 分钟。我和彭磊经常从他家步行到市中心溜达，刘葆也跟着我们，他总想看看是不是有机会约到姑娘。我们吃不惯西餐，后来实在不行了，就去有中餐食材的商店买了好多吃的东西回到汤姆家做饭。其实我们就是简单地煮煮饺子或方便面，有时把饺子煎一下而已，但是每次汤姆都觉得我们做的饭特别好吃，也跟着我们一起吃。我估计中国人做饭做得再差，也比西方人做得好。

汤姆岁数不大，应该和我们差不多，但是有一点显老，看起来像 40 多岁的中年人。第一次住在他家里的时候，我发现他家的墙上挂了一扇特别破的木头门。刚开始我也没好意思问，几天以后，我们互相熟悉了，我就问他："汤姆，你把这破门挂起来干吗用？"他告诉我说，这是他买的一件当代艺术作品，买的时候不贵，现在升值了，价格特别贵。我这才恍然大悟，幸好那两天没有去摸，万一碰坏还麻烦了。

不过后来有一次，我们真把汤姆的东西给碰坏了。那天他出去办事没回来，我们在他家客厅的书架上看到一个玻璃相框，里面装的是他爷爷在二战时期的一张老照片。我们就把相框取下来看了一会儿。我当时嘴里还念叨，千万别把人家的相框摔了。没想到我刚说完，相框就脱手掉在地上。相框的玻璃裂开

2009年在成都

了，吓得我们赶紧把相框放回了原处，装作什么事也没发生。

2008 年，我们第三次去澳大利亚，那次我们是去参加安迪·沃霍尔在布里斯班的一个巡展。一路上，我们坐飞机坐得都不行了，下了飞机也没有吃饭，主办方直接把我们拉到一个小城里演出，但那次的确是我们这么多年演出中感觉最好的一次。我感觉人累到了极点的时候，好像只要跨过疲劳的极限就升华了，一下子就变得非常亢奋。当天演出的时候，在我们之前上台的是一支暖场的当地白人乐队，他们演完轮到我们演。我们发挥得特别好，当时感觉已经没有任何欲望了，吃饭、睡觉都不想了，心里面想的只有音乐，有一种成仙成佛的感觉。在场的澳大利亚乐队看傻了，一般来讲，西方的乐队都会觉得他们玩的才是摇滚乐，也是他们发明了摇滚乐，所以他们才是最牛的。他们不相信中国还有这么牛的乐队，但是我们的表演真的把他们震住了。那是第一次有外国乐队来找我们要签名，这简直令人不敢相信。我们自己对那次的演出特别满意，不过从那次以后，就再也找不到这种感觉了。

科技改变文化

　　沈黎晖特别喜欢张蔷的音乐，一直很想签下张蔷。其实张蔷之前确实有机会签约摩登天空，但是阴差阳错没有签成。后来有一个挺有影响力的媒体人，叫李孟夏，他也特别喜欢张蔷。有一次，他问沈黎晖想不想签张蔷，沈黎晖当然愿意。于是在他的撮合下，2013 年，摩登天空就把张蔷签下了。

　　张蔷签约摩登天空以后，公司给她策划了两个发展方向，一个是翻唱，还有一个是原创。翻唱需要支付一些版税，像《冬天里的一把火》《路灯下的小姑娘》这些歌，它们的版权可能都是索尼、华纳这些大公司的，要找他们买版权特别麻烦，所以后来摩登天空计划还是以原创为主。不过这样，就需要找一个制作人，摩登天空准备从公司里面找合适的人选，找来找去，最后找到了我们乐队。公司觉得我们乐队当时是玩 Disco 和电子音乐的，可能比较合适。后来我们就跟张蔷聊了两次，都觉得还行。就这样，我们开始一起排练和写歌。

我给张蔷写了一首歌，叫《我的八十年代》；彭磊给她写了一首歌，叫《手扶拖拉机斯基》。我不想让新裤子的形象出现在专辑里面，但是又得找一个东西来代表新裤子参与了张蔷的专辑，我就做了一个机器人的形象代表新裤子。

机器人电视是我做的第一代机器人，也就是 1.0 版本。我给它取名叫"手扶拖拉机斯基"，我后来做的机器人叫"两室一厅"。准备给张蔷拍 MV 的时候，我们希望拍《手扶拖拉机斯基》，因为那首歌比较逗。但沈黎晖和摩登天空公司的意思是拍《我的八十年代》，因为那首歌写的就是张蔷自己，所以我们只好给《我的八十年代》拍了 MV。

但是拍完《我的八十年代》以后，我们都觉得不甘心，还是想把《手扶拖拉机斯基》拍成 MV，所以就趁着这机会套拍了一支。但是套拍出来的这支 MV 的效果特别不好，连我们自己都看不过去，所以后来也没用。在 MV 里，我穿了一件貂皮大衣，那件大衣其实是张蔷的，我穿着它折腾了一身汗，把它都穿臭了。我把衣服还给张蔷时，把她熏得够呛。

新裤子

2013年在北京拍摄《我的八十年代》

2013年在北京拍摄《我的八十年代》

摩登天空曾设想把我们乐队跟张蔷弄成一个组合，每次音乐节都让我们这个组合出现。最初我们觉得这个想法还行，就跟张蔷演了差不多一年的时间。演出时，一半曲目是我们乐队自己的歌，一半是张蔷的歌，我们演到一半，张蔷上场。但我们后来觉得如果老是这么演下去，我们就慢慢变成伴奏乐队了。而且从2013年开始，我们跟张蔷就一直在草莓音乐节演出，别的音乐节去不了，都被摩登垄断了，北京、上海、武汉、广州、昆明，总是这些城市，一年重复一遍。我觉得这样下去挺危险，没有新内容，大家老看这些都烦了。所以，我们在一起演了一段时间以后，就分开了。

之后我们乐队又开始自己创作，虽然进入了黑暗时期，但其实我的创作状态一直很好，有很多创作的动机。只是现在不是一个推出新作品的好时机，这是一个问题。互联网的发展真的把年轻人的精力分散了，他们有太多丰富多彩的内容可以去关注，甚至会去关注那些无聊的东西。我觉得今后的创作还是应该更加直接、快速，才能抓住年轻人的心。

拿摇滚乐来说，早期的唐朝和黑豹乐队，他们玩的还是比较经典和传统的摇滚乐。后来出现了很多新的乐队，他们看不惯老一代的摇滚，觉得那样的节奏太慢了。那时候朋克音乐比起老一代的摇滚，算是更为直接的音乐表达，一首歌两三分钟，

2013年在北京拍摄《我的八十年代》

新裤子

非常快，也非常直接。但是发展到现在，朋克音乐也显得有些慢了，不如拿手机拍个短视频来得直接、快速。但是好在中国的市场大，人口多，所以还有时间和空间来消化各种类型的文化产品。

现在我们的创作不能光凭着自己的兴趣写一首歌，更多的是要考虑歌曲能不能转化成影像，能不能转化成周边产品，能不能有真实的情感，要考虑好几层因素。这和我们追求音乐的趣味并不矛盾，只是在创作过程中想的东西更多了。如果仅仅

2015年在北京保利剧院

考虑市场因素，没有情感因素和才华的支撑，创作出来的作品也是没有生命力的，更谈不上什么转化了。乐队在发展的过程中，带有自我意识的调整是非常必要的事情。

总的来说，我们新裤子乐队一直都在玩音乐。这种所谓的玩，和玩电子游戏、打篮球、踢足球是一样的道理。不管玩的是什么风格，首先要考虑的都是要有一种兴趣和趣味存在于音乐里面。

彭磊有个观点，我觉得挺对的，他说玩摇滚的最佳年龄段是 18 岁到 27 岁，做导演是 40 岁左右，每个角色都有一个黄金时间段。所以我觉得不管是玩金属还是朋克，年轻那几年作品都会爆发式地出现，形式其实并不重要，创作者就是通过音乐把自己身上过剩的荷尔蒙消耗掉。过去的年轻人可能是用乐器来完成这一过程，现在是靠电脑、手机、互联网。

科技改变文化，我认为以后一定还会有新的科技出现，改变人们娱乐和创作的方式。

从朋克到本土摇滚

我们的音乐风格其实可以分成三个时期：朋克时期、Disco时期和黑暗时期。在玩朋克之前，我们一直很迷茫，不知道要走什么样的风格路线。那时候我们有一点尴尬，想玩重金属，却没有技术；想玩朋克，又没有无聊军队他们那么噪。直到有一天，我们拿到了一盘雷蒙斯乐队的磁带，听完之后，我们觉得这个风格特别适合我们，简单、好听，没有那么多愤怒，也很流行，但它还属于朋克。雷蒙斯乐队的造型我们也很喜欢，所以最后就把乐队的风格锁定在这个风格上。

我们当时的技术不是很好，所以觉得雷蒙斯乐队那种简单的风格适合我们。但后来我发现其实雷蒙斯乐队那种风格才是最难的，因为他们的音乐要求的是基本功，而不是炫技，所以保持节奏的稳定性就变得非常重要。比如他们的歌是 190bpm 的速度，他们可以从头到尾一直保持这个速度。这就是稳定性，这一点其实很难做到。

2017 年，摩登天空把我们的偶像雷蒙斯乐队请到北京来演出，但是这时候他们乐队就剩 Marky Ramone 了，我们准备在中国来一次合作演出。当时我们在朝阳门那里排练，因为看见了偶像，所以彭磊排练时特别紧张，以至于跟不上老哥的鼓点。

2011年在北京能猫商店

2010年在北京愚公移山

2017年在北京

后来这老哥说我们慢一点，这才能排下来。虽然后来排练得差不多了，但是到了演出的时候还是不行，现场的吉他试了三遍才找准节奏，可见当时彭磊有多紧张，而且 Marky Ramone 的技术也确实非常棒。

在朋克音乐中，英国和美国的风格是不一样的。英国朋克其实就是一个反抗权威的概念，造反、折腾、打碎一切的那种叛逆精神是他们所追求的东西。我觉得不管是朋克还是本土摇滚，都带有批判与叛逆的成分，但中国是无法完全照搬这其中的很多东西的。就连之前很火的嘻哈文化的背后，其实也有很多黑暗的成分。

朋克是一帮社会上的小年轻玩的东西，在英国是最底层的人在玩，美国的雷蒙斯乐队也是来自纽约皇后区的底层人群。朋克音乐比传统摇滚来得更直接、更快速，也没有什么修饰。一种新的音乐形式能够出现，主要是因为之前的音乐发展到了极致。比如 Disco 太流行，重金属就出来了；重金属太华丽了，朋克就出现了。不过这个现象是在中国发生的，在西方可不是这样。

早期的时候，我们写歌都是特别自然地流露情感，而且速度特别快，真的是那种积累了很长时间以后的爆发。我们觉得老一辈摇滚音乐人的第一张专辑都特别好，也是这个道理，黑

豹乐队、唐朝乐队、张楚他们的第一张专辑都非常精彩，他们
是把积累了多年的才华和情感一下子倾倒出来，最终凝结成
了这张专辑。我们当年也有这种感觉。而我们后面发行的专辑
《Disco Girl》和《我们是自动的》就开始有设计的成分在里面
了，而且当时我们太受英式摇滚的影响，有点过头了。那些曲子
确实写得很好，但如果能够换一种编曲方式，也许会更好。

做《龙虎人丹》的时候，我开始拿电脑编曲，因为鼓手尚
笑离开了，所以我们要有所改变。这张专辑把我之前积累但没
有机会展现的东西全都表现出来了。最开始《龙虎人丹》这张
专辑不叫这个名字，而是准备叫《巴黎的夜晚》，听起来和现在
的名字特别不沾边。之所以想到"巴黎的夜晚"这个名字，是
因为我当初特别喜欢让 - 皮埃尔·梅尔维尔的电影，比如《独
行杀手》和《红圈》。我很喜欢这些电影的格调，里面有很多长
镜头的运用，非常安静。电影快要结束的时候，气氛才猛烈爆
发，这种感觉让人看起来非常过瘾。

这些电影中有很多夜晚的法国街道的镜头，根据这些灵感，
我才写了《龙虎人丹》里面的歌。但"巴黎的夜晚"只是我个
人化的感觉，彭磊认为它可能太文艺了，很难让大家理解。由
于歌曲的旋律还是很有东方都市的感觉，而我们那时候都比较
喜欢李小龙的武打片，所以最后改了一个偏本土化、有香港武

2013年在太原

2014年在北京彭磊家中

打片感觉的名字。

可能很多玩乐队的人最初都和我们一样，写作品只是情感的自然流露。因为那时候大家都年轻，没有那么多需要考虑的因素，商业意识也不强。但后来年纪越来越大，就不能再像当初那样随心所欲地去创作了。我们乐队在第一张专辑发行之后，创作中设计的成分就越来越多，而那首《没有理想的人不伤心》完全就是一首故事化的作品。这种所谓的设计感，彭磊把握得非常到位。当然，除了设计的成分，里面还是有很多微妙的情感的。他在这方面的诠释能力很强，这可能就是才华吧。

2013 年前后，我和彭磊先后结婚生孩子，乐队也逐渐进入了黑暗时期。家庭对搞创作的人来说是一个束缚，彭磊每天看孩子、操持家务，当时感觉他特别愁。他从那时开始留胡子、留头发，他觉得长头发和胡子是本土摇滚的标志性符号。

那年我们去太原演出的时候，我和彭磊在机场拍了一张照片，背景是一张西装革履的明星群像。之所以拍这张照片，是因为这个时候彭磊觉得我们在中国玩电子或者 Disco 这些类型的音乐，不会有特别好的反响，还得玩那些老哥喜欢的走心的歌。彭磊那时已经开始写《没有理想的人不伤心》了，歌曲的标准就是主歌低吟，副歌嚷嚷。我们想用这张照片纪念我们走入黑暗时期，我们的目标是写出一首走心的本土摇滚歌曲。

日本朋友

　　20 世纪 90 年代末那段时间，北京住着好多日本留学生，他们经常来看摇滚乐演出，所以我们那个时候认识了很多日本朋友。其中有一个日本人挺传奇的，他叫香取，做了一个专门介绍中国摇滚乐的网站，网址是 www.yaogun.com。这个日本人做事特别心细，他搜集到中国所有的乐队，包括那些存在时间很短的乐队，把他们的全部资料都收录到这个网站里面。除此之外，他还做了一张中国所有乐队的年表，包括乐队的来历和他们所有的活动。一个日本人能做这样一件事，实在太不容易了。

　　我也不知道这些日本人是通过什么渠道了解我们的演出信息的，反正他们经常会出现在我们的演出现场。因为他们的气质和穿着与众不同，所以我们很容易就能把他们从人群里面区分出来。他们这群人特别喜欢北京的摇滚文化，互相认识以后，我们就经常聚在一起玩。有一个女留学生叫顺子，跟我们关系很不错，我们乐队应邀去香港演出时，身在日本的顺子还专程赶到香港来看我们的演出。尚笑就是因为顺子才去了日本。当时彭磊在钱粮胡同开了家铁皮玩具店，尚笑也在那里看店，我们在店里劝了他半天，但他还是走了。那时候他可能觉得玩音乐也没什么出路，而我和彭磊又都有自己的职业，这可能也是他坚持离开中国的原因之一。

1999年，彭磊和顺子在香港

新裤子

尚笑追着顺子去了日本以后，确实和顺子好了，但是顺子家里不同意，就把俩人拆散了。于是尚笑就在日本上大学，学的是文学。上完大学以后，他留在日本混了两年，那两年他也挺苦的，还在机场打扫过飞机，吃了很多那种含味精的方便面，把身体弄病了。

2009 年的时候，尚笑觉得在日本混不出来了，就回到了中国。回来以后，我们当时正好没有鼓手，尚笑还在西安帮我们打了一次鼓。其实我们的发小儿岳程也去了日本，他比尚笑去得还早，2001 年就去了。但是那哥们儿拿到了日本国籍，现在是日本人。

我和这些日本朋友当中的几个人一直保持着联系，其中就有香取。他在北京学完中文以后就去了上海，在那边做出口货物检疫，现在又跑到缅甸去了。我记得那时候无聊军队特别爱和欧美人玩，我们认识的却都是日本朋友。

到了 2013 年，我们的另一位鼓手德恒也不想干了，这哥们儿是狮子座的，特别爱美，老爱换造型。他打鼓的时候，还总围着围脖，无论冬夏。他觉得我们总是压制他，其实我们只是拿他开玩笑而已，但他感觉在我们乐队过得比较压抑，所以后来离开了乐队，到朴树那边打鼓。在那边，他就比较得心应手了。

2015年在昆明

新裤子

德恒走了之后，我们的另一个日本朋友中野阳在 2014 年把 Hayato 介绍给我们。Hayato 以前是瘦人乐队的鼓手，他在瘦人乐队待了 10 年，却一直没有混出来，后来他就离开了瘦人乐队。离开以后，他一直闲着没事做，就来到了我们乐队。他非常瘦，个子也特别小，但是打鼓特别有劲，而且打得特别稳。以前德恒是打英式摇滚的鼓点，特别碎，但 Hayato 不是，他就是朋克的打法，打得特别稳。

Hayato 喜欢玩，喜欢旅行，但他在中国待了 10 年都没赚到钱，到了我们乐队以后，一下子就赚了些钱，所以他旅游和吃饭都是报复性的，他要把失去的那 10 年抢回来，于是疯狂地吃饭、旅游，还不断地约女孩子。他有一阵子特别爱去那种人造的景点旅游，特别没意思，但有一件事让我觉得非常吃惊。有一次，我们去参加长春的草莓音乐节，这应该是在东北办的唯一一次草莓音乐节。那次 Hayato 去长春的伪满洲国皇宫博物馆和抗日战争纪念馆参观，他在里面看了两个小时都不出来，还在那儿做笔记。他看 731 部队的那些暴行，记录得特别详细。

从 Hayato 加入乐队以后，我们乐队也算有了"小鲜肉"，所以有一些年轻的女孩开始喜欢我们乐队，还组织了很多后援会。Hayato 现在特别忙，他要同时给六支乐队做鼓手。彭磊前一阵子拍纪录片采访 Hayato，问他加入新裤子乐队后不后悔，他说："我永远都不会后悔。"

2016年在昆明

复古国货

在我小的时候，我爸会从美国带回很多国外的产品，还有音像制品。那时候，中国还没有这么多工业设计和音乐方面的东西，而我已经有机会接触国外的迪斯科音乐和产品设计了。那个时候也谈不上喜欢，后来我学了设计以后，才发现 20 世纪七八十年代的那种设计很好看。

《龙虎人丹》这张专辑之所以能火，就是因为从 2005 年一直到 2008 年北京开奥运会的那段时间，中国出现了一次复古的风潮。那个时候，年轻人对 20 世纪八九十年代的东西特别感兴趣，而《龙虎人丹》的风格正好和当时年轻人的喜好合拍了。专辑里面表现出一种复古的情调，MV 的拍摄也追求了这一风格。

我们还在彭磊的铁皮玩具店门口拍了乐队的宣传照，当时每个人都拿了一件特别老的电器，录音机或是"大哥大"。那会儿我们特别喜欢去垡头大柳树的旧货市场淘东西，在那里总能见到一些奇奇怪怪的眼镜、耳机和老旧电器。

那个时候"大哥大"早已经淘汰了，但是西直门的电话一条街上，居然又有很多商户开始卖改装过的"大哥大"。那种"大哥大"可以插 SIM 卡打电话和发短信。这种风潮是从英国传

2005年在北京钱粮胡同

2005年在北京庞宽家

过来的，英国那个时候也有很多人玩"大哥大"。后来我们去英国时，发现"大哥大"卖得特别贵，一个要卖 1000 块钱。后来我也买了一个，搁在自己包里面，有时候带着它去酒吧玩，感觉特别拉风。

2005 年，一位叫杨国伟的独立摄影师说他特别喜欢我们乐队，主动要给我和彭磊拍一组反映我们两个人生活状态的照片，于是那些照片里就出现了一些我当时收藏的旧电器。我收藏过一台 1988 年的 Macintosh Classic，其实那台电脑已经坏了，没有键盘，屏幕也不亮了，但是还能修好。要是屏幕能亮，带键盘、鼠标，现在好像能卖几十万块钱，而且苹果公司还会回收。我的另外一台苹果电脑也挺经典的，这台电脑是我从摩登出来以后，自己开工作室时花了小三万块钱买的。这个型号的苹果电脑是乔布斯重返苹果公司以后推出的第一款产品，我们《龙虎人丹》以后的专辑全都是用这台电脑做的设计。

当时我还有一台老式录音机，型号是夏普 777，这也是一款特别经典的产品，彭磊家里也有一台，是我爸和他爸出国回来以后用外汇指标买的，我们最早录音就拿这台录音机录。那个时候没有调音台，我们就用录音机两个磁带舱中的一个录一种乐器，录完后把磁带换到另一个舱，再用一盘空白磁带录另一种乐器，这样在第一盘磁带中就有两种乐器的声音了。

新裤子

都说新裤子带动了复古潮，其实也不是没有道理，毕竟我们是第一批开始收集这些东西的乐队。我们收藏的范围很广，合成器、老玩具、老国货，还有老的电器，其实都是我们最早开始玩的。

2008 年，我开了一家卖复古国货的店，店里卖的都是飞跃球鞋、搪瓷茶缸、旧款暖壶和各种创意 T 恤等产品，店名就叫作"Bye Bye Disco"。我自己也搬到了南锣鼓巷住，偶尔在胡同里转悠一会儿。那些年北京突然多了很多外国人，也不知道他们是从哪里来的，经常可以在那里看到一个老外带着中国姑娘逛街。我还专门拍了一部小纪录片来讲这件事情，就是中国人为什么非要傍一个外国人。通过这家小店，我认识了很多外国朋友，一部分是我的顾客，另一部分是我当时的室友。

我店里卖得最好的产品就是飞跃球鞋，球鞋的设计特别简洁，但是穿上感觉并没有多么舒适。那个时候的人做东西还是挺细致的，有些细节还做得挺用心。它不像后来的这些工业产品，厂家为了全球化，必须在美国和中国卖的产品上应用同样的设计，要让所有人都喜欢，手机就是最典型的例子。当初我们自己设计的球鞋，可能特别有中国特色的符号在里面，或者说有自己的一套设计体系。那时候的暖壶和搪瓷茶缸也都是类似的东西。

2009年在北京官园

《城市画报》2008年第214期新裤子封面

　　我店里卖的复古产品，大部分是从厂家进货，其实当时这些工厂还存在，只是大家不知道，就好像隐藏起来了一样。我和彭磊还去北京南口的暖壶厂定制过暖壶，那家工厂历史悠久，生产的暖壶叫鹿牌暖壶，质量很不错，彭磊家里现在还在用。后来那家厂子因为属于高污染企业，所以也被关了。2016年，《缝纫机乐队》剧组还去那个废弃的厂房取过景。飞跃球鞋也一直能买到，那家鞋厂被法国企业买下了，法国人自己又重新设计了好多样式，也都非常漂亮。2008年北京奥运会开幕式上，表演武术的人穿的都是飞跃球鞋，所以那时候这鞋卖得特别好。很多欧洲人也跑来我店里买，因为飞跃球鞋在法国卖50欧元一双，我这儿才卖二三百人民币，比较便宜。

　　那个时候，我们自己也研发了一些产品，包括 T 恤和书包，市场反馈也还行。我们有一款书包，一次定做了500个，两个月就卖完了。我们还做了一款印着"喜"字的 T 恤，本来是为了在澳大利亚演出时穿，结果变得特别流行。后来那款 T 恤在淘宝上卖得特别多，但那些并不是我们的产品，而是别人模仿的。这种事情弄得我们很尴尬，而且完全无法控制。最后这类产品泛滥了，也就没法再做了。

　　20世纪70年代，中国在各方面都还比较落后，所以产品的设计者只能在有限的可用材料范围内，把产品做到极致。过去也没有电脑制图技术，想达到电脑制图的标准，就需要非常精细的手绘工艺。那些产品的设计也许没有那么多规矩，也没有那么工业化，但做出来的东西的确很漂亮。比如暖壶瓶身上的喷漆工艺，过去都是人工操作，很漂亮，但不够整齐。我们后来问过暖壶厂的人，在电脑制图出现以后，他们也想采用电脑制版，但由于成本太高，所以放弃了。不过，如果真的采用电脑制图了，这东西也就不再有吸引力了。

由于我长时间喜爱和关注复古的设计风格，所以我个人的审美也越来越偏向这方面，后来发展到去找20世纪70年代的衣服穿。前些年这种东西特别多，很好找，我爸他们那代人就有很多这种老旧款式的衣服。七八十年代的西服后面有两个开衩，后来的样式一般都是不开衩的。衣服的袖子也有讲究，双排扣、单排口所对应的时代也不一样，这些全是设计细节方面的区别。以前我不知道这些区别，觉得西服都长得一样，其实差远了。

如果电影作品要还原20世纪70年代的场景，道具和置景只做一点根本不够，这里面其实有着一套完整的东西，发型、衣服、裤子、鞋、配饰，以及整个环境组合起来，才是最完整的还原。与这种情况相反的例子就是所谓的美式复古，现在很多年轻人喜欢这种打扮，并且形成了一种潮流。但其实美式复古是日本人造出来的概念，在美国本土并不存在。日本受殖民

彭磊

2009年在北京官园

2009年在北京官园

文化的影响，从 20 世纪 70 年代开始搞这类产品，但美国人没有这样的概念，也没有这种搭配和装扮。

我店里来过很多明星，就连好莱坞明星 Tilda Swinton 都来过我店里。她当时来北京参加电影节，但我并没认出她来，还是我店里的其他外国朋友告诉我她是谁，我才恍然大悟。齐柏林飞艇乐队的前成员 Jimmy Page、徐静蕾、张雨绮也来过我店里，徐静蕾来我店里买东西，她妈妈还告诉她别瞎买，浪费钱，弄得她挺尴尬。

这家店我开了 3 年，开始的时候生意很好，甚至还被盗过。有一年春节的时候，我早晨来到店门口，发现店门的玻璃碎了。警察来了，竟然没找到这贼是用什么东西砸的门，后来发现，这贼特别聪明，他应该是拿一块冰把玻璃砸碎的，第二天早上太阳一出来，冰就化了。最后我们找了半天，发现屋里的地上有一块冰还没有化完。

我开复古国货店的同时，还在沙井胡同开了一家小酒吧。开酒吧也不为挣钱，就为了自己和朋友能有个地方待着。我还有一个朋友在北京开了一家酒吧，名字叫 School。我们经常去 School，School 的人也来我们这儿，总之是朋友之间的内部消化。2011 年，我结婚了，就把这两家店都关了。再往后，南锣鼓巷也逐渐失去了往日的感觉。

新裤子

　　复古国货在当时很符合文艺青年的需求，一方面它比较便宜，另一方面它又是别人不太关心，很容易被人遗忘的文化记忆。这些物件有年代感，还带着一点当时社会的文化气息。就像前两年流行的复古人造革书包，上面写着"北京""上海"之类的文字，其实过去大家用的都是这种包，但后来很快被人遗忘了。现在很多复古的东西成了旅游商品，所以我们也有点腻烦了。

　　彭磊也很喜欢复古的东西，他开过一家铁皮玩具店。那个

2008年在北京前门

时候，豆瓣已经兴起了，里面有个国货小组，我们经常去看。我感觉那时的复古风潮刚好就是我们乐队给带起来的，我们的几张专辑在设计上也有怀旧复古的情调。

那会儿媒体觉得我们乐队是复古潮流的代言人，所以有杂志社要求我们穿着老式运动服拍照片，用在他们的复古主题的那一期杂志里面。当时提及"复古"这个词，对应的就是新裤子乐队。那些照片是在前门拍摄的，本来我们想找原来拍《龙虎人丹》封面的那条小胡同，但是那条胡同已经拆了，所以我们又换了地方。那会儿大栅栏还保留了一个地下防空洞，据说特别长，上面是一家招待所，进防空洞参观需要买票。当时北京的大栅栏还保留着一些 20 世纪 80 年代的痕迹，正因为那里带有复古气息，我们才选择在那里拍照和拍 MV。可惜现在在北京已经很难找到这种气息了。

我觉得大家之所以喜欢那些早期的国货，是因为大家在回顾这些年的文化变迁时，发现其实并没有什么可以回顾的。那些文化流行的时间特别短，而且很多产品都是国外的翻版。倒退 20 年来看，20 世纪 80 年代的一些老电影、老产品值得拿来怀旧。现在大家都在消化 90 年代的一些产物，比如《顽主》《编辑部的故事》和《我爱我家》这些电影、电视剧里的元素，国货也是其中之一。但是由于这些东西存在的时间太短了，所以很快就会被消化干净，这一切似乎在一瞬间就全部结束了。

图书在版编目（CIP）数据

生命因你而火热 / 彭磊，庞宽著 . -- 北京：民主
与建设出版社，2019.11
ISBN 978-7-5139-2724-6

Ⅰ . ①生… Ⅱ . ①彭… ②庞… Ⅲ . ①传记文学—中
国—当代 Ⅳ . ①I25

中国版本图书馆 CIP 数据核字（2019）第 216785 号

上架建议：音乐·传记

生命因你而火热
SHENGMING YIN NI ER HUORE

出 版 人　李声笑
作　　者　彭磊　庞宽
责任编辑　程旭　周艺
策划机构　雅众文化
监　　制　于向勇　秦青
策划编辑　陈希颖
特约策划　失乐园　张钰良　许菲
特约编辑　陈希颖　蔡加荣　张卉
　　　　　郑荃　包晗
营销编辑　张琳　刘晓晨
装帧设计　袁磊
内文设计　刘玉珍
出　　版　民主与建设出版社有限责任公司
电　　话　（010）59419778　59417747
社　　址　北京市海淀区西三环中路 10 号望海楼 E 座 7 层
邮　　编　100142
印　　刷　北京市京东印刷厂
经　　销　新华书店
开　　本　710mm×1000mm　1/16
字　　数　146 千字
印　　张　16
版　　次　2019 年 11 月第 1 版
印　　次　2019 年 12 月第 2 次印刷
书　　号　ISBN 978-7-5139-2724-6
定　　价　69.00 元

注：如有印、装质量问题，请与出版社联系。